COMO EMPEZAR DESDE CERO EN YouTube

"Desde cero hasta el Éxito: tu viaje inicial en el mundo de YouTube"

Natalia castro

Contenido

INTRODUCCIÓN

YouTube es una plataforma de vídeo en línea que permite a los usuarios subir, ver y compartir vídeos. La audiencia de YouTube es global y diverso, abarcando todas las edades, intereses y grupos demográficos. Los objetivos de los usuarios en YouTube incluyen entretenimiento, educación, marketing y comunicación personal. Para los creadores de contenido, los objetivos pueden incluir construir una audiencia, promocionar productos o servicios, y compartir su creatividad y punto de vista con el mundo.

Este libro fue creado con fines de incentivar a personas que le gusta este magnífico mundo del internet.

"No pares de aprender"

Capítulo 1

Encuentra tu objetivo en el mundo del internet

Si estás leyendo este libro, probablemente estés interesado en el mundo del Internet y en la creación de contenido en YouTube. Quizás estás empezando tu canal y te sientes un poco perdido, o tal vez ya tienes algunos videos y no sabes cómo mejorarlos. En cualquier caso, quiero animarte a que sigas adelante y a que encuentres tu objetivo en el mundo del Internet.

<u>Encuentra tu pasión</u>: La primera clave para tener éxito en el mundo del Internet es encontrar tu pasión. Piensa en lo que te apasiona y en lo que te gusta hacer. ¿Hay algo que te gustaría compartir con el mundo? ¿Hay un tema en particular que te gustaría explorar?

Si no sabes qué es lo que te apasiona, tómate el tiempo para descubrirlo. Experimenta con diferentes temas y formatos de video. Prueba cosas nuevas y descubre lo que te gusta hacer. Una vez que encuentres tu pasión, el proceso de creación de contenido se vuelve mucho más fácil y divertido.

<u>Define tu público objetivo</u>: Una vez que encuentres tu pasión, es importante que definas tu público objetivo. ¿A quién estás tratando de llegar? ¿Qué tipo de personas están interesadas en lo que tienes que decir?

Al definir tu público objetivo, podrás crear contenido que sea relevante y útil para ellos. Además, podrás enfocar tus esfuerzos de promoción y marketing en las plataformas y comunidades en las que tu público objetivo está presente.

Aprende de los demás: Aprender de los demás es una excelente manera de mejorar tus habilidades y descubrir nuevas formas de hacer las cosas. Busca a otros creadores de contenido en YouTube y aprende de ellos. ¿Qué hacen bien? ¿Qué podrían mejorar?

Además, también puedes aprender de las comunidades en las que participas. Únete a grupos y foros en línea relacionados con tu tema y aprende de las conversaciones y discusiones que se llevan a cabo allí.

<u>Sé consistente</u>: La consistencia es clave en el mundo del Internet. Es importante que publiques regularmente y que mantengas una presencia constante en las redes sociales y en otras plataformas.

La consistencia te ayudará a ganar seguidores y a mantener el interés de tu audiencia.

<u>Sé auténtico:</u> Por último, pero no menos importante, es importante que seas auténtico. No trates de ser alguien que no eres. Sé honesto y transparente con tu audiencia y haz videos que reflejen quién eres realmente. La autenticidad es una cualidad valiosa en el mundo del Internet y te ayudará a conectarte con tu audiencia de una manera más profunda.

En resumen, encontrar tu pasión, definir tu público objetivo, aprender de los demás, ser consistente y auténtico son claves para tener éxito en el mundo del Internet. Espero que este capítulo te haya animado a seguir adelante y a encontrar tu objetivo en el mundo de la creación de contenido en YouTube. ¡Sigue adelante y diviértete!

Capítulo 2

Creación de un canal de YouTube

YouTube es una de las plataformas más populares para compartir videos en línea, con millones de usuarios activos mensuales. La creación de un canal de YouTube puede ser una forma efectiva de promocionar su marca, su negocio o simplemente compartir su pasión con una audiencia global. En este capítulo, exploraremos cómo registrarse en YouTube, configurar y personalizar un canal de YouTube para asegurarnos de que esté listo para compartir su contenido.

<u>Registro</u>: Para registrarse en YouTube, primero debe tener una cuenta de Google. Si ya tiene una cuenta de Google, puede usar esa para iniciar sesión en YouTube. Si no tiene una cuenta de Google, puede crear una fácilmente en el sitio web de Google. Una vez que haya iniciado sesión en YouTube con su cuenta de Google, haga clic en el icono de "Mi canal" en la parte superior derecha de la página. Complete la información de su perfil, incluyendo una descripción y una imagen de perfil y portada que refleje su temática.

Configuración: Después de registrarse y completar su perfil, es hora de configurar las preferencias de privacidad de su canal. En esta sección, puede elegir si desea permitir o desactivar los comentarios y la aprobación de anuncios en su canal.

También puede agregar etiquetas de seguimiento y configurar la privacidad de sus videos.

Personalización: Una vez que haya configurado sus preferencias de privacidad, es hora de personalizar su canal. Esto incluye agregar elementos de diseño que refuercen su tema, como un banner y una descripción detallada de su contenido. También puede agregar videos destacados a su página de inicio para que sus espectadores vean de inmediato su contenido más popular.

La creación de un canal de YouTube es un proceso sencillo y directo que puede ser una forma poderosa de llegar a una audiencia global. Con un poco de esfuerzo y una estrategia sólida, su canal de YouTube puede convertirse en una fuente de ingresos y una comunidad en línea sólida para su contenido. Asegúrese de seguir las instrucciones

Capítulo 3

El éxito en YouTube depende en gran medida de la planificación y ejecución de una estrategia sólida de contenido. Esto incluye la definición de temas, la creación de un calendario de publicación y la identificación de una audiencia objetivo. En este capítulo, exploraremos cómo planificar y crear contenido efectivo para su canal de YouTube.

<u>Definición de temas</u>: La primera parte de la planificación de contenido para YouTube es la definición de temas. Este proceso implica identificar los temas relevantes para su audiencia y su nicho. Para hacer esto, puede investigar las tendencias actuales y las necesidades de su audiencia, así como las preguntas y los desafíos que enfrentan. Asegúrese de que los temas que elija sean relevantes y atractivos para su audiencia y sean coherentes con su marca o negocio.

<u>Calendario de publicación</u>: Una vez que haya definido sus temas, es hora de crear un calendario de publicación. Este calendario debe incluir las fechas y horas en las que planea publicar videos en su canal.

También debe tener en cuenta el tiempo necesario para la creación y edición de videos.

Un calendario de publicación efectivo debe ser realista y ajustarse a su horario disponible.

<u>Estrategia</u>: La última parte de la planificación de contenido para YouTube es la estrategia. Esta incluye la identificación de su audiencia objetivo y la forma en que planea atraer y retener su atención. Puede hacer esto a través de la creación de contenido de alta calidad y la promoción de su canal en otras plataformas y canales. También puede considerar la colaboración con otros creadores de contenido y la integración de anuncios en su contenido.

La planificación de contenido para YouTube es clave para el éxito en esta plataforma. Con una estrategia clara y un enfoque en la creación de contenido de alta calidad, su canal de YouTube puede alcanzar una audiencia leal y una presencia sólida en la plataforma. Siga las recomendaciones en este capítulo para crear una estrategia sólida y efectiva de contenido para su canal de YouTube.

Capítulo 4

La grabación de videos de alta calidad es esencial para el éxito en YouTube. La presentación, la iluminación y la calidad de audio son factores críticos para atraer y retener la atención de su audiencia. En este capítulo, exploraremos los aspectos técnicos de la grabación de videos para YouTube, incluyendo el equipo necesario, la localización adecuada y las técnicas para lograr un resultado profesional.

<u>Equipo</u>: Para grabar videos de alta calidad para YouTube, necesitará un equipo básico de grabación. Esto incluye una cámara de vídeo de alta definición, un trípode, un micrófono externo y una luz adicional. Asegúrese de que el equipo que elija sea compatible con su cámara y cumpla con sus requisitos de calidad y presupuesto.

<u>Localización</u>: La elección de la ubicación adecuada para la grabación de videos es importante para la calidad final del producto. Busque un lugar con buena iluminación y acústica, y evite las fuentes de ruido que puedan interferir en la grabación.

También considere la decoración y el mobiliario de la ubicación, ya que estos elementos pueden afectar la presentación de su video.

<u>Técnica:</u> La técnica de grabación es esencial para lograr un resultado profesional. Algunos consejos incluyen mantener la cámara estable en un trípode, enfocar la cámara en el sujeto principal, ajustar la iluminación adecuadamente y utilizar un micrófono externo para mejorar la calidad de audio. También es importante tener un plan de grabación y ensayar antes de comenzar a grabar.

La grabación de videos de alta calidad es esencial para el éxito en YouTube. Con un equipo adecuado, una ubicación adecuada y una técnica efectiva, su canal de YouTube puede tener videos de aspecto profesional que atraigan y retengan la atención de su audiencia. Siga estos consejos y técnicas para mejorar la calidad de sus videos en YouTube.

Capítulo 5

Edición de videos para YouTube

La edición de videos es un aspecto importante para la creación de contenido de calidad en YouTube. La edición permite crear videos más atractivos, con un flujo de narrativa suave y una estética profesional. En este capítulo, examinaremos las herramientas, técnicas y recomendaciones para editar videos para YouTube.

<u>Herramientas</u>: Hay muchas herramientas de edición de videos disponibles en el mercado, desde programas de edición de video gratuitos hasta aplicaciones de pago. Algunas opciones populares incluyen Adobe Premiere Pro, Final Cut Pro y iMovie. Elija una herramienta que se adapte a sus necesidades y habilidades, y aprenda a usarla antes de comenzar a editar videos para YouTube.

<u>Técnicas</u>: La técnica de edición de videos es fundamental para lograr un resultado profesional. Algunos consejos incluyen mantener un ritmo constante, utilizar transiciones suaves entre escenas, ajustar la duración de las tomas para evitar la monotonía y agregar música y efectos de sonido para mejorar la experiencia de visualización.

Recomendaciones: Además de las técnicas de edición de video, también es importante tener en cuenta algunas recomendaciones para lograr un resultado profesional.

Por ejemplo, mantenga la calidad de video y audio constante a lo largo del video, evite la sobre edición y

La edición de videos es un aspecto crítico para la creación de contenido de calidad en YouTube. Con las herramientas adecuadas, una técnica efectiva y una estrategia bien planificada, su canal de YouTube puede tener videos atractivos y profesionales que atraigan y retengan la atención de su audiencia. Siga estos consejos y técnicas para mejorar la calidad de sus videos en YouTube.

Capítulo 6

Cómo crear contenido atractivo en YouTube

Hay tantos creadores de contenido compitiendo por la atención de los espectadores, es importante asegurarse de que su contenido sea atractivo y se destaque de la multitud.

Aquí hay algunos consejos para crear contenido atractivo en YouTube:

Identifique su nicho: Antes de empezar a crear contenido, es importante identificar su nicho y su audiencia objetivo. Esto le ayudará a entender qué tipo de contenido es más relevante y atractivo para su audiencia y a asegurarse de que su contenido se ajuste a sus necesidades y deseos.

Estructura y planificación La estructura y la planificación son clave para crear contenido atractivo en YouTube. Asegúrese de tener un plan claro para su video y de seguir una estructura lógica y fácil de seguir.

Contenido de calidad: El contenido de calidad es esencial para atraer y retener la atención de su audiencia. Asegúrese de que su contenido sea informativo, entretenido y de alta calidad en términos de producción y edición.

<u>Utilice el humor:</u> El humor es un elemento poderoso para atraer y retener la atención de su audiencia. Si es apropiado para su nicho y audiencia, considere la inclusión de elementos humorísticos en su contenido.

<u>Interacción y engagement</u> La interacción y el engagement son cruciales para el éxito de su contenido en YouTube. Asegúrese de animar a sus espectadores a interactuar con su contenido y de responder a los comentarios y preguntas de manera oportuna.

Siguiendo estos consejos, puede crear contenido atractivo en YouTube que atraiga y retenga la atención de su audiencia objetivo. Con el tiempo, esto puede ayudar a aumentar su visibilidad y alcance en la plataforma y a construir una comunidad sólida y leal de seguidores.

Capítulo 7

Optimización de videos para YouTube

En este capítulo, exploraremos las diferentes formas en las que puedes optimizar el título, la descripción, las etiquetas y la miniatura de tus videos en YouTube para mejorar su visibilidad y alcance.

<u>Títulos</u>: Un buen título debe ser atractivo, informativo y fácil de leer. Debe incluir palabras clave relevantes y describir de manera precisa el contenido del video. Los títulos largos y confusos no atraerán a los espectadores y probablemente no sean clicados.

<u>Descripciones:</u> La descripción de tu video es una oportunidad para ampliar sobre el contenido del título y proporcionar más información sobre el video. Debe ser concisa y contener información adicional relevante para los espectadores, como una llamada a la acción o un enlace a otros videos.

<u>Etiquetas</u>: Las etiquetas son palabras clave relevantes que describen el contenido de tu video. Es importante utilizar etiquetas precisas y relevantes para que los espectadores puedan encontrar fácilmente tu video a través de búsquedas en YouTube.

Miniaturas: La miniatura de tu video es una de las primeras cosas que los espectadores ven antes de manera precisa el contenido del video.

Una buena miniatura puede hacer una gran diferencia en el número de clics y la calidad del tráfico que recibes en tu video.

La optimización de tus títulos, clicar en el video. Debe ser atractiva y representar de descripciones, etiquetas y miniaturas en YouTube es crucial para aumentar la visibilidad y el alcance de tus videos. Sigue estos consejos y verás resultados positivos en la interacción y el rendimiento de tus videos en YouTube.

Capítulo 8

Como encontrar tu audiencia en YouTube

<u>Define tu audiencia ideal</u> Para definir tu audiencia ideal, es importante que tengas en cuenta algunos factores demográficos, como la edad, el género y la ubicación geográfica de tus seguidores. Pero también es crucial conocer los intereses y comportamientos de tu audiencia para poder crear contenido que les resulte relevante y útil.

Por ejemplo, si tienes un canal sobre fitness y nutrición, es probable que tu audiencia ideal sean personas entre 18 y 35 años que estén interesadas en mejorar su salud y su bienestar. Pero dentro de este grupo demográfico, hay diferentes subgrupos de interés, como los deportistas que buscan mejorar su rendimiento, las personas que quieren perder peso o las personas que buscan una dieta específica, como vegana o paleo. Identificar estos subgrupos te permitirá crear contenido específico para cada uno de ellos.

<u>Investiga a tu competencia</u>

No se trata de copiar el contenido de tus competidores, sino de obtener inspiración y aprender de lo que están haciendo para atraer a su audiencia. Revisa los canales de YouTube de tus competidores y observa qué tipo de contenido están publicando, cómo lo promocionan en sus redes sociales y cómo interactúan con su audiencia en los comentarios. También puedes ver los videos con más visualizaciones de tus competidores y analizar por qué son tan populares.

Otra forma de investigar a tu competencia es utilizando herramientas como Social Blade, que te permite ver estadísticas detalladas de los canales de YouTube de tus competidores, como sus visualizaciones, suscriptores y ganancias.

Utiliza herramientas de análisis de datos

Las herramientas de análisis de datos te permiten obtener información valiosa sobre tu audiencia actual y sobre las personas que están buscando contenido similar al tuyo en YouTube. Por ejemplo, Google Analytics te permite conocer la edad, género y ubicación geográfica de tus seguidores, así como las palabras clave y los términos de búsqueda que utilizan para encontrar tu canal.

Por otro lado, YouTube Analytics te proporciona información sobre las visualizaciones de tus videos, la tasa de retención de tus espectadores y la cantidad de comentarios y me gusta que recibes. Analizar esta información te permitirá conocer las preferencias de tu audiencia y adaptar tu contenido en consecuencia.

Crea contenido relevante y de calidad

Una vez que tienes una idea clara de quiénes son tus seguidores ideales y lo que están buscando, es hora de crear contenido relevante y de calidad que les resulte útil e interesante. Es importante que tus videos sean atractivos visualmente y que el audio sea claro y de alta calidad. También es importante que utilices palabras clave y etiquetas relevantes para que tus videos sean más fáciles de encontrar en las búsquedas de YouTube.

Además, es recomendable que utilices diferentes formatos de video para mantener a tu audiencia interesada. Por ejemplo, puedes crear tutoriales, reseñas de productos, blogs, entrevistas, etc. Pero recuerda que lo más importante es que tu contenido responda a las necesidades y preguntas de tu audiencia.

Capítulo 9

Creación de una comunidad en YouTube

En este capítulo, exploraremos las diferentes formas en las que puedes crear y mantener una comunidad fuerte y leal en YouTube. La creación de una comunidad en YouTube es crucial para construir relaciones duraderas con tus espectadores y para impulsar el crecimiento y el éxito de tu canal.

<u>Interacción con los Suscriptores:</u> La interacción con los suscriptores es una parte fundamental de la creación de una comunidad en YouTube. Puedes interactuar con tus suscriptores a través de comentarios en tus videos, respuestas a preguntas frecuentes, videos en vivo y mucho más. Mantener una comunicación abierta y constante con tus suscriptores fortalecerá la relación entre ellos y contigo y los hará sentir valorados y apreciados.

<u>Colaboraciones:</u> Las colaboraciones son una forma efectiva de expandir tu alcance y atraer a nuevos suscriptores a tu canal. Busca colaborar con otros creadores de contenido que compartan intereses similares y que tengan un público objetivo similar al tuyo. Las colaboraciones te ayudarán a llegar a

nuevos espectadores y a construir relaciones valiosas con otros creadores de contenido.

<u>Promoción:</u> La promoción de tu canal y de tus videos es una parte fundamental de la creación de una comunidad en YouTube. Puedes promocionar tu canal y tus videos en otras plataformas sociales, en tu sitio web, en boletines electrónicos y mucho más. La promoción también incluye la optimización de tus títulos, descripciones, etiquetas y miniaturas, como se describió en el capítulo anterior.

La creación de una comunidad fuerte y leal en YouTube es crucial para el éxito de tu canal. La interacción con tus suscriptores, las colaboraciones y la promoción son elementos clave para construir y mantener una comunidad en YouTube. Sigue estos consejos y verás resultados positivos en la interacción y el rendimiento de tu canal en YouTube.

Capítulo 10

En este capítulo, exploraremos las diferentes formas en las que puedes monetizar tu canal en YouTube. La monetización de un canal en YouTube es una excelente forma de generar ingresos a partir de tu contenido y de hacer crecer tu canal.

<u>Programas de publicidad</u>: Una de las formas más comunes de monetizar un canal en YouTube es a través de programas de publicidad, como Google AdSense. Para ser elegible para este programa, debes cumplir con los requisitos de la plataforma, como tener al menos 1,000 suscriptores y 4,000 horas de vista en tus videos en los últimos 12 meses. Es importante destacar que los anuncios se muestran en tus videos y ganas dinero cada vez que alguien hace clic en ellos. Sin embargo, es importante asegurarse de que los anuncios no sean irrelevantes o molestos para tu audiencia y que se integren de manera natural en tus videos. Además, es importante ser consciente de las políticas de contenido de YouTube y asegurarte de cumplir con ellas para

<u>Patrocinios</u>: Otra forma de monetizar tu canal en YouTube es a través de patrocinios. Puedes colaborar

con marcas y recibir compensación a cambio de mencionarlas en tus videos.

Es importante destacar que los patrocinios deben ser relevantes para tu audiencia y se deben integrar de manera natural en tus videos. Puedes buscar oportunidades de patrocinios a través de plataformas de colaboración de influencers, como Influencer.co, o contactar directamente con las marcas que te interesen. Es importante asegurarte de cumplir con las leyes y regulaciones relacionadas con los patrocinios, como la FTC (Comisión Federal de Comercio) en los Estados Unidos, y de ser transparente con tu audiencia sobre tus relaciones con las marcas.

<u>Productos propios:</u> La creación y venta de productos propios es otra forma de monetizar tu canal en YouTube. Puedes crear productos relacionados con tu contenido, como libros electrónicos, cursos en línea, camisetas, etc. y venderlos a través de tu canal. La venta de productos propios te permite generar ingresos pasivos y fortalecer la relación con tu audiencia. Al crear y vender productos propios, tienes el control total sobre la producción y el precio, y puedes ofrecer algo único y valioso a tu audiencia. Sin embargo, es importante asegurarse de que los productos que vendes sean de alta calidad y estén

alineados con los intereses y necesidades de tu audiencia.

En conclusión, la monetización de un canal en YouTube es una excelente forma de generar ingresos a partir de tu contenido.

Capítulo 11

Como ver las estadísticas de un canal de YouTube

Puedes ver las estadísticas de tu canal de YouTube de la siguiente manera:

Accede a tu cuenta de YouTube: Inicia sesión en tu cuenta de YouTube y haz clic en tu foto de perfil en la esquina superior derecha de la pantalla.

Haz clic en "YouTube Studio": Haz clic en "YouTube Studio" en el menú desplegable para acceder a la consola de gestión de tu canal.

Accede a las estadísticas de tu canal: En la consola de gestión de tu canal, haz clic en "Estadísticas" en la barra de navegación de la izquierda. Esto te llevará a una página con estadísticas detalladas sobre tu canal y tus vídeos.

Ver tus estadísticas: En la página de estadísticas, puedes ver información sobre el tráfico de tu canal, incluyendo vistas, suscriptores y interacciones con tus vídeos. También puedes ver información demográfica sobre tu audiencia, incluyendo la ubicación, el género y la edad.

Ver estadísticas de vídeo individuales: Para ver estadísticas detalladas sobre un vídeo específico, haz clic en "Vídeos" en la barra de navegación de la izquierda y luego selecciona el vídeo que deseas ver.

Recuerda que las estadísticas pueden tardar unos días en actualizarse, por lo que es posible que no veas resultados inmediatamente después de publicar un vídeo. Sin embargo, con el tiempo, podrás ver cómo tu canal está creciendo y tendrás una mejor comprensión de tu audiencia y lo que les gusta.

Además de ver las estadísticas de tu canal y tus vídeos, puedes usar YouTube Studio para realizar un seguimiento de tus ingresos y hacer crecer tu canal. Aquí hay algunas funciones adicionales que puedes explorar:

Monetización: En la sección "Monetización", puedes ver los ingresos que estás generando a través de la publicidad y otras fuentes, como las membresías de YouTube Premium y las compras realizadas por tus espectadores.

Crecimiento de audiencia: En la sección "Crecimiento de audiencia", puedes ver cómo está creciendo tu audiencia y cómo estás adquiriendo nuevos suscriptores. También puedes ver qué tipos de vídeos están generando más suscripciones y cómo puedes mejorar tus estrategias de marketing.

<u>Mejora del rendimiento</u>: En la sección "Mejora del rendimiento", puedes encontrar recomendaciones y sugerencias para mejorar el rendimiento de tus vídeos y aumentar la visibilidad de tu canal.

<u>Comentarios</u>: En la sección "Comentarios", puedes ver y responder a los comentarios de tus vídeos y gestionar el spam y otros comentarios inapropiados.

<u>Configuración de canal</u>: En la sección "Configuración de canal", puedes personalizar la apariencia de tu canal, ajustar la configuración de privacidad y gestionar otras opciones de configuración importantes.

En resumen, YouTube Studio es una herramienta muy útil para los creadores de contenido de YouTube que desean realizar un seguimiento de sus estadísticas, monetización y crecimiento de audiencia, así como gestionar su canal de manera eficiente.

Capítulo 12

Análisis y seguimiento rendimiento en YouTube

En este capítulo, exploraremos la importancia del análisis y seguimiento de rendimiento en YouTube. Aprenderás cómo utilizar las herramientas de análisis disponibles en la plataforma para evaluar el desempeño de tus videos y tomar decisiones informadas. Discutiremos métricas clave, como visualizaciones, duración de reproducción y tasa de retención, que te ayudarán a comprender mejor el impacto de tu contenido y optimizar tu estrategia en YouTube.

Análisis y seguimiento de rendimiento en YouTube: YouTube Analytics: Explicaremos cómo acceder y utilizar la herramienta de YouTube Analytics, que proporciona datos detallados sobre el rendimiento de tus videos y tu canal en general. Te mostraremos cómo navegar por los diferentes informes disponibles y cómo interpretar los datos proporcionados.

Paneles de control: Exploraremos los diferentes paneles de control que ofrece YouTube Analytics, como el panel de resumen, el panel de ingresos y el panel de retención de audiencia. Cada panel te brindará información específica que te ayudará a comprender mejor el rendimiento y los ingresos generados por tu contenido.

<u>Métricas clave para evaluar el rendimiento</u>
<u>Visualizaciones</u>: Discutiremos cómo las visualizaciones pueden brindarte información sobre el alcance y la popularidad de tus videos. Te enseñaremos a analizar las visualizaciones totales, las visualizaciones únicas y las fuentes de tráfico para comprender cómo los espectadores encuentran y consumen tu contenido.

<u>Duración de reproducción</u>: Exploraremos la duración de reproducción promedio y cómo esta métrica puede ayudarte a comprender si tu contenido está siendo visto en su totalidad o si los espectadores lo abandonan temprano. Analizaremos cómo utilizar esta métrica para identificar puntos de mejora en la estructura, ritmo o contenido de tus videos.

<u>Tasa de retención</u>: Analizaremos la tasa de retención de audiencia y cómo te permite identificar los puntos exactos en los que los espectadores dejan de ver tus videos, lo que puede ayudarte a mejorar la retención y el compromiso. Te mostraremos cómo interpretar los gráficos de tasa de retención y cómo utilizar esta información para realizar ajustes en tus videos.

<u>Interpretación de datos y toma de decisiones:</u>
Comparación de videos: Aprenderás cómo utilizar YouTube Analytics para comparar el rendimiento de diferentes videos y comprender qué aspectos funcionan mejor y cuáles requieren mejoras. Te mostraremos cómo identificar patrones o características comunes en tus videos más exitosos y cómo aplicar esas lecciones a tus futuros contenidos.

<u>Identificación de tendencias:</u> Te enseñaremos a identificar tendencias a través de los datos de análisis, como los momentos en los que los espectadores abandonan el video o las fuentes de tráfico más efectivas. Utilizando esta información, podrás ajustar la duración de tus videos, mejorar la calidad de los segmentos que generan más abandonos y optimizar tus estrategias de promoción en las plataformas que te están proporcionando un mayor tráfico.

<u>Optimización de contenido</u>: Discutiremos cómo utilizar los datos de análisis para optimizar tu contenido, adaptando tu estrategia según los intereses y comportamientos

Capítulo 13

Análisis de datos en YouTube

YouTube es una plataforma en constante evolución y es importante mantenerse actualizado con las estadísticas y tendencias de la plataforma para maximizar el alcance y la efectividad de tus videos. El análisis de datos es clave para entender cómo interactúa tu audiencia con tus videos y cómo puedes mejorar tu contenido y estrategia en consecuencia.

Estadísticas: YouTube ofrece una amplia gama de estadísticas para ayudarte a entender cómo interactúa tu audiencia con tus videos. Algunas de las estadísticas más importantes incluyen la tasa de reproducción, el tiempo de visualización promedio, el número de suscriptores y el número de comentarios. Es importante monitorear estas estadísticas regularmente para entender cómo evoluciona tu audiencia y cómo puedes mejorar tu contenido en consecuencia.

Tendencias: Es importante mantenerse actualizado con las tendencias en YouTube para asegurarse de que tu contenido siga siendo relevante y atractivo para tu audiencia.

Algunas tendencias importantes en YouTube incluyen la popularidad de los formatos de video, como los videos en vivo y los videos cortos, y la importancia de la calidad de la producción y la edición de los videos. Es importante investigar y estudiar estas tendencias para asegurarte de que tu contenido siga siendo atractivo y relevante para tu audiencia.

<u>Mejoras</u>: El análisis de datos te ayuda a identificar áreas en las que puedes mejorar tu contenido y estrategia. Por ejemplo, si notas que

tus videos tienen una tasa de abandono alta, puedes considerar mejorar la calidad de la producción y la edición de tus videos para retener a tu audiencia. También puedes considerar experimentar con diferentes formatos de video o temas para encontrar lo que funciona mejor para tu audiencia. Además, el análisis de datos también puede ayudarte a identificar patrones en tus estadísticas, como cuándo es más probable que tu audiencia vea tus videos, lo que te ayuda a planificar mejor la publicación de tus videos en el futuro.

El análisis de datos en YouTube es una herramienta valiosa para entender cómo interactúa tu audiencia con tus videos y cómo puedes mejorar tu contenido y estrategia en consecuencia. Es importante monitorear regularmente las estadísticas, estar al tanto de las tendencias y utilizar los resultados del análisis de datos para identificar áreas de mejora.

Capítulo 14

Como aumentar las visualizaciones en YouTube

Aquí te comparto algunos consejos para aumentar las visualizaciones en YouTube:

<u>Optimiza tus títulos y descripciones</u>: Asegúrate de que tus títulos y descripciones sean claros, atractivos y precisos. Utiliza palabras clave relevantes para aumentar la visibilidad de tus videos en los resultados de búsqueda de YouTube.

<u>Utiliza etiquetas relevantes</u>: Las etiquetas son una herramienta importante para clasificar tus videos y hacer que aparezcan en los resultados de búsqueda relacionados. Utiliza etiquetas relevantes para cada video para aumentar su visibilidad.

<u>Crea contenido de calidad</u>: Asegúrate de que tus videos sean interesantes, únicos y de alta calidad. El contenido de calidad atrae a los espectadores y los hace querer ver más de tus videos.

<u>Interactúa con tu audiencia</u>: Responde a los comentarios de tus seguidores y haz preguntas para estimular la conversación. La interacción con tu

audiencia ayuda a fomentar la lealtad y a aumentar el alcance de tus videos.

<u>Promociona tus videos en otras plataformas</u>: No te limites a promocionar tus videos solo en YouTube. Comparte tus videos en otras plataformas sociales, como Facebook, Twitter o Instagram, para llegar a un público más amplio.

<u>Colabora con otros creadores de contenido</u>: Colabora con otros creadores de contenido relevantes para tu nicho. Esto te ayudará a llegar a un público nuevo y a aumentar la visibilidad de tus videos.

<u>Utiliza un horario adecuado para publicar</u>: Considera el horario en el que la mayoría de tus espectadores están en línea al publicar tus videos. Publicar en momentos en los que la mayoría de tus espectadores estén en línea aumentará la visibilidad de tus videos.

<u>Crea una serie de videos</u>: Los espectadores tienden a seguir a los creadores de contenido que les gustan. Crea una serie de videos relacionados para mantener a tus espectadores interesados y aumentar las visualizaciones de tus videos.

Recuerda que el éxito en YouTube no es algo que ocurra de la noche a la mañana, pero si sigues estos consejos y trabajas duro, eventualmente verás un aumento en las visualizaciones de tus videos.

Además de los consejos que mencioné anteriormente, aquí hay algunos otros trucos que puedes usar para aumentar las visualizaciones de tus videos en YouTube:

Crea un tráiler o resumen de tus videos: Crea un tráiler o un resumen de tus videos para que los espectadores puedan ver de qué se tratan antes de ver el video completo. Esto les dará una idea de lo que esperan y puede estimular su interés en ver más.

Agrega subtítulos o transcripciones a tus videos: Los subtítulos o las transcripciones pueden ayudar a los espectadores a entender mejor tus videos y pueden ser útiles para aquellos que tienen dificultades auditivas. Además, los subtítulos pueden mejorar el SEO de tus videos y aumentar su visibilidad en los resultados de búsqueda de YouTube.

Crea videos cortos y contundentes: Asegúrate de que tus videos sean cortos y concisos para mantener la atención de los espectadores. Trata de no sobrecargar tus videos con información innecesaria o hacerlos demasiado largos, ya que esto puede disuadir a los espectadores de verlos por completo.

Utiliza análisis para entender a tu audiencia: Utiliza los análisis de YouTube para entender a tu audiencia y descubrir qué tipo de videos funcionan mejor para ellos. Esta información te ayudará a optimizar tus videos y a crear contenido que atraiga más visualizaciones.

Haz promoción de tus videos en otros canales: No te limites a promocionar tus videos solo en YouTube. Comparte tus videos en otras plataformas sociales, en tu sitio web o en tu boletín electrónico para llegar a un público más amplio.

Utiliza tarjetas y pegatinas: Las tarjetas y pegatinas pueden ayudar a promocionar tus otros videos o a dirigir a los espectadores a otras partes de tu canal. Asegúrate de utilizar estas herramientas de manera efectiva para aumentar la visibilidad de tus videos.

Haz un llamado a la acción: Asegúrate de incluir un llamado a la acción en tus videos para animar a los espectadores a ver más de tus videos, suscribirse a tu canal o compartir tus videos con sus amigos.

Anima a tus espectadores a compartir tus videos: Haz un llamado a tus espectadores para que compartan tus videos con sus amigos y familiares. La promoción boca a boca es una buena estrategia para generar interés a tu canal y aumentar las visualizaciones.

Capítulo 15

Mejora continua de un canal en YouTube

El éxito en YouTube es un proceso continuo que requiere un enfoque en la mejora continua. Hay varias formas de lograr esto, como la retroalimentación de la audiencia, la evolución de la estrategia y la experimentación con nuevas ideas.

<u>Retroalimentación de la audiencia</u>: La retroalimentación de la audiencia es fundamental para la mejora continua de un canal en YouTube. Es importante leer y responder a los comentarios de tus videos y considerar las sugerencias y opiniones de tu audiencia al planificar y producir tus videos. La retroalimentación de la audiencia también puede ayudarte a identificar áreas en las que puedes mejorar tu contenido y estrategia.

<u>Evolución de la estrategia</u>: Es importante evolucionar y ajustar tu estrategia en función de tus logros y fracasos en YouTube. Por ejemplo, si un video en particular no obtiene la respuesta deseada, es posible que debas considerar cambiar la estrategia o el enfoque del video. También es importante estar atento a las tendencias y cambios en la plataforma y ajustar tu estrategia en consecuencia.

Experimentación: La experimentación es clave para la mejora continua de un canal en YouTube.

Es importante probar nuevas ideas y formatos de video para descubrir lo que funciona mejor para tu audiencia.

Por ejemplo, puedes experimentar con diferentes temas o formas de producir tus videos para descubrir qué atrae a tu audiencia. La experimentación también te ayuda a mantener fresco y atractivo tu contenido, lo que es fundamental para retener a tu audiencia y atraer nuevos suscriptores.

La mejora continua de un canal en YouTube requiere un enfoque en la retroalimentación de la audiencia, la evolución de la estrategia y la experimentación con nuevas ideas. Es importante estar abierto a la retroalimentación, ser flexible y experimentar para lograr un éxito sostenible en la plataforma.

Capítulo 16

Especialización en un nicho de mercado en YouTube

La especialización en un nicho de mercado es una de las formas más efectivas de tener éxito en YouTube. Especializarse en un nicho significa enfocarse en un tema específico y atender a un público objetivo específico. Al hacerlo, puedes llegar a un público más encajado y leal, lo que puede aumentar tu visibilidad y monetización en la plataforma.

Definición de un nicho: La definición de un nicho de mercado es esencial para lograr el éxito en la especialización. Es importante investigar y entender qué temas son populares en YouTube y cuál es el público objetivo para ese tema. También es importante considerar tus propios intereses y habilidades al elegir un nicho. Al elegir un nicho que te apasione y en el que tengas experiencia, es más probable que puedas crear contenido de alta calidad y atractivo para tu audiencia.

Investigación: La investigación es fundamental para la especialización en un nicho de mercado en YouTube. Es importante investigar y entender las tendencias y las necesidades de tu público objetivo.

También es importante investigar a tus competidores para descubrir cómo están abordando el nicho y cómo puedes ofrecer un enfoque diferente y único.

<u>Estrategia</u>: Una vez que hayas investigado y definido tu nicho de mercado, es importante crear una estrategia sólida para lograr el éxito en la especialización. Esta estrategia debe incluir la producción de contenido de alta calidad y relevante para tu público objetivo, la promoción de tu canal y la construcción de relaciones con otros creadores y audiencias dentro de tu nicho.

La especialización en un nicho de mercado en YouTube requiere una combinación de investigación, definición y estrategia. Al hacerlo, puedes llegar a un público más encajado y leal, lo que puede aumentar tu visibilidad y monetización en la plataforma. Es importante elegir un nicho que te apasione y en el que tengas experiencia para crear contenido de alta calidad y atractivo para tu audiencia.

Capítulo 17

Como integrar la tecnología en tus videos

La tecnología está cambiando rápidamente el mundo del video en línea, y los YouTubers pueden utilizarla para crear contenido más interactivo y atractivo para sus espectadores. Desde el uso de efectos especiales hasta la integración de elementos interactivos, hay muchas maneras de integrar la tecnología en tus videos.

Utiliza efectos especiales: Los efectos especiales pueden mejorar significativamente la calidad de tus videos. Pueden ser utilizados para agregar un toque de creatividad o para ilustrar un concepto complejo. Por ejemplo, puedes utilizar la técnica de croma para crear videos en los que parezca que estás en un lugar diferente. Esto puede ser particularmente efectivo si estás hablando sobre un lugar que no puedes visitar en persona. También puedes utilizar la superposición para agregar elementos como texto o imágenes a tus videos. Si eres un YouTuber que hace videos de tutoriales o explicativos, esto puede ser una excelente manera de hacer que el contenido sea más visual y fácil de entender. Por último, la animación por ordenador es una excelente manera de crear videos con gráficos en 3D y efectos especiales para hacer que el contenido sea más atractivo.

Experimenta con la realidad virtual: La realidad virtual puede llevar tus videos al siguiente nivel. Puedes utilizarla para crear experiencias inmersivas para tus espectadores. Esto puede ser particularmente efectivo para tutoriales, viajes virtuales y videos educativos. Por ejemplo, si estás haciendo un video sobre una ciudad específica, puedes utilizar la realidad virtual para crear un recorrido virtual por la ciudad y hacer que tus espectadores sientan que están allí. La realidad virtual también puede ser utilizada para crear videos de juegos, en los que los espectadores pueden interactuar con el entorno de juego y sentir que están dentro del juego.

Crea contenido interactivo: Los espectadores de YouTube están buscando cada vez más contenido interactivo. Puedes agregar elementos interactivos a tus videos como encuestas, juegos y preguntas y respuestas. Estos elementos pueden mantener a tus espectadores involucrados y comprometidos con tu contenido. Por ejemplo, puedes agregar una encuesta en el video para que los espectadores voten por su opción favorita. También puedes crear un juego para que los espectadores se diviertan y se involucren con el contenido. Por último, las preguntas y respuestas son una excelente manera de interactuar con tus espectadores y responder a sus preguntas.

Utiliza el video 360: El video 360 permite a tus espectadores experimentar tus videos desde diferentes ángulos. Esto puede ser particularmente efectivo para videos de música y deportes extremos. Puedes utilizar cámaras 360 para grabar tus videos y agregar una nueva dimensión a tu contenido. Por ejemplo, si estás haciendo un video musical, puedes utilizar el video 360 para que los espectadores sientan que están en el escenario contigo.

Usa la realidad aumentada: La realidad aumentada puede ser utilizada para agregar elementos virtuales a tus videos. Por ejemplo, puedes agregar gráficos en 3D a tus videos para ilustrar conceptos complejos. También puedes utilizar la realidad aumentada para agregar elementos interactivos a tus videos.

Los videos, como juegos y elementos de marca. La realidad aumentada puede ser una excelente manera de hacer que tus videos se destaquen y sean más atractivos.

Utiliza la inteligencia artificial: La inteligencia artificial puede ser utilizada para analizar los datos de tus videos y proporcionar recomendaciones para mejorar tu contenido. Por ejemplo, puedes utilizar herramientas de análisis de video para conocer el comportamiento de tus espectadores y crear contenido que sea más atractivo para ellos. La inteligencia artificial también puede ser utilizada para crear videos personalizados para tus espectadores. Por ejemplo, puedes crear videos que se ajusten a las preferencias de tus espectadores y proporcionar recomendaciones personalizadas de contenido.

Usa la realidad mixta: La realidad mixta combina elementos de la realidad virtual y la realidad aumentada para crear experiencias de video más envolventes. Puedes utilizar la realidad mixta para crear videos que combinen elementos virtuales y físicos. Por ejemplo, puedes crear un video que muestre un producto en el mundo real y luego utilizar la realidad mixta para agregar elementos interactivos al producto.

Utiliza la edición de video avanzada: La edición de video avanzada puede ser utilizada para mejorar la calidad de tus videos y hacer que el contenido sea más atractivo. Puedes utilizar herramientas de edición de video para agregar efectos visuales, ajustar la iluminación y el sonido, y para crear transiciones suaves entre escenas. La edición de video avanzada puede ser una excelente manera de hacer que tus videos se destaquen y sean más atractivos.

Utiliza la gamificación: La gamificación puede ser utilizada para agregar elementos de juego a tus videos y hacer que el contenido sea más interactivo y atractivo. Puedes utilizar la gamificación para crear juegos y desafíos para tus espectadores. Por ejemplo, puedes crear un juego en el que los espectadores deban encontrar objetos escondidos en el video. La gamificación puede ser una excelente manera de hacer que tus espectadores se involucren con el contenido y se diviertan mientras aprenden.

En conclusión, la tecnología puede ser utilizada para mejorar significativamente la calidad y la atractividad de tus videos en línea. Desde la utilización de efectos especiales hasta la gamificación y la realidad mixta, hay muchas maneras de integrar la tecnología en tus videos y crear contenido más interactivo y atractivo para tus espectadores. Al utilizar estas herramientas, puedes hacer que tus videos se destaquen y atraigan a una audiencia más amplia en línea.

Capítulo 18

Dominando las diferentes formas de videos

Al crear contenido en video, es importante tener en cuenta los diferentes formatos que existen y cómo pueden afectar la experiencia del usuario. Si bien cada formato tiene su propia forma única de involucrar a la audiencia, también hay ciertas técnicas y mejores prácticas que se aplican a todos los formatos. En este capítulo, exploraremos los diferentes tipos de formatos de video que se utilizan comúnmente y cómo pueden utilizarse para mantener a tu audiencia interesada y comprometida.

<u>Vlogs:</u> los vlogs son videos personales en los que los creadores comparten su vida diaria o eventos especiales. Los vlogs son una excelente manera de conectar con la audiencia a nivel personal y construir una relación más estrecha. Es importante que el creador sea auténtico y comparta momentos genuinos con su audiencia. Además, el contenido debe ser entretenido y mantener a la audiencia interesada durante todo el video.

Tutoriales: los tutoriales son videos que enseñan a la audiencia cómo hacer algo. Es importante que el creador sea claro y conciso en sus instrucciones. El uso de gráficos y efectos especiales también puede ser útil para mantener la atención del espectador. Además, el creador debe ser accesible y responder a las preguntas de la audiencia para ayudarlos a comprender mejor el tema.

Reseñas: las reseñas son videos en los que los creadores hablan sobre un producto o servicio en particular. Es importante que el creador sea honesto y comparta su opinión sincera con la audiencia. El uso de imágenes y videos de alta calidad del producto también puede ser útil para ayudar a la audiencia a comprender mejor el tema. Además, el creador debe ser capaz de comparar y contrastar diferentes productos para ayudar a la audiencia a tomar una decisión informada.

Vídeos de eventos en vivo: los videos de eventos en vivo son una excelente manera de involucrar a la audiencia en tiempo real. Es importante que el creador tenga una buena conexión a Internet y equipo de alta calidad para evitar problemas técnicos. Además, el creador debe ser capaz de mantener a la audiencia interesada durante todo el evento y responder a sus preguntas en tiempo real.

En conclusión, al utilizar diferentes formatos de video, es importante tener en cuenta las mejores prácticas específicas de cada formato para mantener a la audiencia interesada y comprometida. Al crear contenido auténtico, entretenido y educativo, los creadores pueden construir relaciones más estrechas con su audiencia y aumentar su base de seguidores leales.

Capítulo 19

Gestión de la comunidad

En este capítulo, exploraremos la importancia de la gestión de la comunidad en YouTube y discutiremos las mejores prácticas para gestionar comentarios, interactuar con los seguidores y manejar el éxito en la plataforma.

La importancia de la gestión de la comunidad La gestión de la comunidad es esencial para el éxito en YouTube, ya que los comentarios y las interacciones con los seguidores son una forma crucial de aumentar la fidelidad de la audiencia y construir una marca fuerte. Los comentarios también proporcionan una retroalimentación valiosa y pueden ayudar a guiar la dirección del contenido futuro.

Estrategias para gestionar comentarios Gestionar los comentarios puede ser un desafío, especialmente para canales populares con muchas interacciones. Los creadores de contenido deben estar preparados para moderar comentarios inapropiados o spam, mientras mantienen un diálogo positivo con su audiencia. La implementación de filtros de comentarios y la configuración de ciertas palabras clave para su revisión también pueden ayudar a mantener los comentarios bajo control.

Interacción con los seguidores La interacción con los seguidores es esencial para construir una comunidad fuerte en YouTube. Los creadores de contenido deben estar dispuestos a responder preguntas, reconocer comentarios positivos y negativos, y utilizar las interacciones para conectarse más estrechamente con su audiencia. Además, la participación en discusiones en línea, la colaboración con otros creadores de contenido y la celebración de eventos en línea también pueden ayudar a construir una comunidad más sólida.

Manejo del éxito en YouTube A medida que un canal crece en popularidad, la gestión de la comunidad se vuelve aún más importante. Los creadores de contenido deben estar preparados para manejar el éxito, establecer límites saludables y no dejar que el éxito les suba a la cabeza. Además, los creadores de contenido también deben estar preparados para manejar los desafíos que pueden venir con la fama, como el acoso en línea o los comentarios negativos.

En resumen, la gestión de la comunidad es esencial para el éxito en YouTube y los creadores de contenido deben estar preparados para gestionar los comentarios, interactuar con los seguidores y manejar el éxito. Al establecer estrategias claras para la gestión de la comunidad, los creadores de contenido pueden construir una comunidad sólida en YouTube y mantener su éxito a largo plazo.

Capítulo 20

Historia de YouTube

YouTube se ha convertido en una de las plataformas más populares en línea, con miles de millones de usuarios activos en todo el mundo. En este capítulo, exploraremos la historia de YouTube, desde sus humildes comienzos hasta su posición actual como una de las plataformas de medios más importantes del mundo.

El inicio de YouTube fue fundado en febrero de 2005 por tres ex empleados de PayPal: Chad Hurley, Steve Chen y Jawed Karim. La idea surgió después de que los fundadores tuvieron dificultades para compartir videos en línea. YouTube se lanzó al público en mayo de 2005, y rápidamente ganó popularidad gracias a su capacidad para alojar y compartir videos de forma gratuita.

La adquisición por parte de Google En noviembre de 2006, Google adquirió YouTube por la cantidad de 1.65 billones de dólares en acciones. La adquisición fue una jugada estratégica por parte de Google, ya que YouTube había ganado una gran base de usuarios y estaba en camino de convertirse en la plataforma de medios en línea más grande del mundo.

La evolución de YouTube A medida que YouTube crecía, la plataforma comenzó a diversificarse y evolucionar. En 2007, se introdujeron los programas de socios de YouTube, que permitían a los creadores de contenido ganar dinero en la plataforma. En 2009, se lanzó la función de transmisión en vivo, lo que permitió a los usuarios transmitir en vivo desde sus canales de YouTube.

En 2012, YouTube lanzó su aplicación móvil, que permitió a los usuarios ver y cargar videos directamente desde sus dispositivos móviles. En 2015, se lanzó YouTube Red, un servicio de suscripción que ofrecía contenido exclusivo y sin publicidad. En 2018, se cambió el diseño de la plataforma para hacerlo más moderno y atractivo.

YouTube y el panorama de los medios de comunicación YouTube ha cambiado significativamente el panorama de los medios de comunicación en todo el mundo. Ha democratizado la creación de contenido y ha permitido a cualquier persona con una cámara y una conexión a Internet compartir sus ideas y opiniones con el mundo. Ha dado lugar a nuevas formas de entretenimiento y ha creado nuevas oportunidades para los creadores de contenido.

Además, YouTube ha cambiado la forma en que las marcas y las empresas interactúan con sus audiencias. Los anuncios de YouTube se han convertido en una forma efectiva de llegar a una audiencia más amplia, y la plataforma se ha convertido en una herramienta esenciales para la promoción y el marketing de productos y servicios.

Capítulo 21

Tendencias de YouTube

En este capítulo, exploraremos las últimas tendencias y cambios en la plataforma de YouTube y cómo los creadores de contenido pueden adaptarse a ellos para mantenerse relevantes y atractivos para su audiencia.

<u>El auge del video en vivo:</u> En los últimos años, el video en vivo se ha convertido en una tendencia importante en YouTube. Los creadores de contenido utilizan la función de transmisión en vivo para interactuar con su audiencia en tiempo real y para crear contenido más auténtico y dinámico. Las transmisiones en vivo pueden ser útiles para responder preguntas de los espectadores, para transmitir eventos en vivo, para mostrar detrás de cámaras y para muchas otras cosas.

<u>El crecimiento de los videos cortos:</u> Los videos cortos también se han vuelto cada vez más populares en la plataforma. Plataformas como TikTok y Reels de Instagram han impulsado la tendencia de los videos cortos, y YouTube ha respondido lanzando Shorts, una función que permite a los creadores de contenido crear videos cortos de hasta 60 segundos. Los videos cortos pueden ser una forma efectiva de atraer a

nuevas audiencias y de mostrar contenido en un formato más rápido y fácil de consumir.

<u>El auge de la inteligencia artificial:</u>

La inteligencia artificial y la personalización se han vuelto cada vez más importantes en YouTube. La plataforma utiliza algoritmos para personalizar la experiencia del usuario, mostrando videos que son relevantes para sus intereses y comportamientos de visualización previos. Esto significa que los creadores de contenido deben ser más estratégicos sobre cómo etiquetan y describen sus videos para asegurarse de que sean descubiertos por el algoritmo.

Cambios en las políticas de monetización En los últimos años, YouTube ha introducido cambios significativos en sus políticas de monetización. La plataforma ha implementado un programa de revisión manual para asegurarse de que los videos cumplan con las pautas de la comunidad de YouTube antes de ser elegibles para monetización. Los creadores de contenido también deben cumplir con un umbral mínimo de suscriptores y horas de visualización antes de poder ganar dinero con sus videos. Esto significa que los creadores de contenido deben ser más estratégicos en la creación de contenido que es apto para la monetización y en la construcción de su audiencia para cumplir con los requisitos de monetización.

Aparte de que YouTube es una plataforma que te paga por hacer contenido educativo, blogs y más. También la utilizada como estrategia parar promocionar marcas, productos o hacer publicidad entre otras cosas más como estas:

Capítulo 22

Cómo utilizar el storytelling en tus vídeos de YouTube

El poder de contar historias ha sido una forma efectiva de comunicación desde tiempos inmemoriales. En el mundo de YouTube, el storytelling se ha convertido en una herramienta crucial para captar la atención de la audiencia y crear un vínculo emocional con ellos. En este capítulo, exploraremos la importancia del storytelling en tus vídeos de YouTube, los elementos clave del storytelling, técnicas para estructurar tus vídeos en forma de narrativa y ejemplos de creadores exitosos que utilizan el storytelling en YouTube.

<u>Importancia de contar historias para captar la atención de la audiencia:</u>

En un mundo inundado de contenido, captar y mantener la atención de la audiencia es fundamental. El storytelling es una forma poderosa de lograrlo, ya que las historias nos conectan a nivel emocional y nos mantienen comprometidos con el contenido. Contar historias en tus vídeos de YouTube te permitirá destacar, diferenciarte y construir una relación más profunda con tu audiencia.

Elementos clave del storytelling: personajes, conflicto, desarrollo y resolución:

Para crear una historia efectiva, es esencial comprender los elementos clave del storytelling. Los personajes son fundamentales, ya que permiten a la audiencia identificarse y conectarse con la historia. El conflicto genera tensión y desafío, manteniendo a la audiencia interesada. El desarrollo de la historia permite explorar y profundizar en los temas, mientras que la resolución ofrece un cierre satisfactorio.

<u>Técnicas para estructurar tus vídeos en forma de narrativa:</u>

Al utilizar el storytelling en tus vídeos de YouTube, es importante estructurarlos de manera efectiva. Puedes comenzar estableciendo el contexto y presentando a los personajes. Luego, introduce el conflicto o el desafío principal para mantener el interés de la audiencia. Desarrolla la historia a través de momentos clave y giros emocionantes. Finalmente, brinda una resolución que satisfaga a la audiencia y cierre la historia de manera significativa.

<u>Ejemplos de creadores exitosos que utilizan el storytelling en YouTube:</u>

Al observar a creadores exitosos en YouTube, podemos aprender valiosas lecciones sobre cómo utilizar el storytelling de manera efectiva. Ejemplos como Casey Neistat, quien utiliza historias personales y emocionales en sus vídeos de vlog, o Kurzgesagt, que combina narrativa visual y explicaciones científicas, demuestran cómo el storytelling puede enriquecer la experiencia del espectador y construir una comunidad leal.

Conclusión:

El storytelling es una herramienta poderosa para captar y mantener la atención de la audiencia en tus vídeos de YouTube. Al utilizar elementos clave del storytelling, estructurar tus vídeos de manera narrativa y aprender de ejemplos de creadores exitosos, puedes mejorar significativamente la calidad y el impacto de tu contenido. A través del storytelling, podrás conectar emocionalmente con tu audiencia y construir una base de seguidores leales en YouTube. ¡Explora el poder del storytelling y dale vida a tus vídeos de YouTube!

tiempos inmemoriales. En el mundo de YouTube, el storytelling se ha convertido en una herramienta crucial para captar la atención de la audiencia y crear un vínculo emocional con ellos. En este capítulo, exploraremos la importancia del storytelling en tus vídeos de YouTube, los elementos clave del storytelling, técnicas para estructurar tus vídeos en forma de narrativa y ejemplos de creadores exitosos que utilizan el storytelling en YouTube.

Capítulo 23

Como evitar problemas legales en YouTube:

YouTube es una plataforma de contenido en línea popular y emocionante que permite a los creadores de contenido compartir sus ideas y perspectivas con una audiencia global. Sin embargo, los creadores también deben tener en cuenta los problemas legales que pueden surgir al publicar contenido en la plataforma.

En este capítulo, te proporcionaremos consejos prácticos sobre cómo evitar problemas de derechos de autor, cumplir con las políticas de YouTube y proteger tu marca. ¡Comencemos!

Entiende los derechos de autor: Una de las principales preocupaciones legales en YouTube es el uso no autorizado de material protegido por derechos de autor. Si utilizas contenido que no te pertenece, como imágenes, música o clips de video, sin obtener el permiso adecuado, puedes enfrentar consecuencias legales graves, como multas y demandas.

Para evitar problemas de derechos de autor, asegúrate de obtener el permiso adecuado para utilizar cualquier material protegido por derechos de autor. Alternativamente, utiliza contenido que se encuentre en el dominio público o que esté disponible bajo una licencia Creative Commons.

<u>Conoce las políticas de YouTube:</u> YouTube tiene sus propias políticas y directrices que debes seguir para evitar problemas legales. Por ejemplo, no está permitido publicar contenido que promueva la violencia, el odio o el acoso. Si infringes las políticas de YouTube, es posible que tu contenido sea eliminado, tu cuenta suspendida o incluso eliminada.

Para evitar problemas legales, asegúrate de leer y comprender las políticas de YouTube. Mantén tu contenido dentro de los límites de las políticas y directrices de la plataforma para evitar consecuencias legales.

<u>Protege tu marca:</u> Cuando creas contenido en YouTube, también estás creando una marca personal. Para proteger tu marca, es importante registrar tu nombre, logotipo o cualquier otra marca que estés utilizando en tu contenido.

El registro de tu marca puede ayudarte a evitar problemas legales en el futuro. Si alguien intenta utilizar tu marca sin tu permiso, podrás tomar medidas legales para protegerla.

<u>Consulta con un abogado</u>: Si estás preocupado por cualquier aspecto legal relacionado con tu contenido en YouTube, lo mejor es consultar con un abogado especializado en derecho de propiedad intelectual y en YouTube. Un abogado te ayudará a comprender tus derechos y obligaciones legales en la plataforma, y te proporcionará la mejor orientación sobre cómo evitar problemas legales.

En resumen, para evitar problemas legales en YouTube, es importante que entiendas los derechos de autor, cumplas con las políticas de YouTube, protejas tu marca y, si es necesario, consultes con un abogado especializado. Con estos consejos en mente, puedes crear contenido en YouTube de manera segura y evitar consecuencias legales.

Capítulo 24

Cómo aprovechar las características y herramientas de YouTube

YouTube ofrece una variedad de características y herramientas que pueden potenciar tu canal y mejorar la experiencia de tus espectadores. En este capítulo, exploraremos las diferentes funciones, como las tarjetas, pantallas finales y subtítulos automáticos, así como el uso de YouTube Studio para gestionar y optimizar tu canal. También abordaremos los beneficios de la programación de vídeos y la gestión de listas de reproducción. Aprender a utilizar estas funciones y herramientas de manera efectiva puede marcar la diferencia en el crecimiento y éxito de tu canal de YouTube.

Exploración de funciones como las tarjetas, pantallas finales y subtítulos automáticos:

Las tarjetas son elementos interactivos que puedes agregar a tus vídeos para promover contenido relacionado, invitar a la audiencia a realizar acciones específicas o proporcionar información adicional. Las pantallas finales te permiten mostrar elementos como suscripciones, vídeos recomendados y enlaces externos al final de tus vídeos. Los subtítulos automáticos ayudan a mejorar la accesibilidad y la comprensión de tu contenido, permitiendo que tus vídeos sean accesibles para personas con discapacidad auditiva y también ayudando a la clasificación en los resultados de búsqueda.

Uso de YouTube Studio para gestionar y optimizar tu canal:

YouTube Studio es una herramienta poderosa que te brinda acceso a una variedad de funciones de gestión y optimización de tu canal. Puedes utilizar YouTube Studio para realizar un seguimiento del rendimiento de tus vídeos, analizar métricas clave como las visualizaciones y el tiempo de reproducción, interactuar con los comentarios de los espectadores y realizar ajustes en la configuración y la monetización de tu canal.

<u>Beneficios de la programación de vídeos y la gestión de listas de reproducción:</u>

La programación de vídeos te permite establecer la fecha y hora exactas en las que tus vídeos se publicarán en tu canal. Esto te permite ser más consistente y mantener una frecuencia de publicación regular, lo que puede ayudar a atraer y retener a la audiencia. Además, la gestión de listas de reproducción te permite organizar tus vídeos en temas relacionados, facilitando la navegación de la audiencia y aumentando el tiempo de reproducción en tu canal.

<u>Estrategias para utilizar las funciones y herramientas de YouTube de manera efectiva:</u>

Aprovechar al máximo las funciones y herramientas de YouTube requiere una estrategia adecuada. Al utilizar tarjetas y pantallas finales, asegúrate de que sean relevantes para tu contenido y estén bien sincronizadas. Asegúrate también de aprovechar la opción de subtítulos automáticos, revisando y editando si es necesario para garantizar una precisión adecuada. Además, utiliza YouTube Studio regularmente para monitorear el rendimiento de tus vídeos y hacer ajustes en función de las métricas y los comentarios de la audiencia.

<u>Conclusión:</u>

Las características y herramientas de YouTube ofrecen oportunidades significativas para optimizar y mejorar tu canal. Al explorar y utilizar funciones como las tarjetas, pantallas finales y subtítulos automáticos, así como aprovechar YouTube Studio para gestionar y optimizar tu contenido, puedes aumentar la interacción con la audiencia y mejorar la calidad y accesibilidad de tus vídeos. Además, la programación de vídeos y la gestión de listas de reproducción te permiten organizar tu contenido de manera efectiva y mantener a los espectadores comprometidos. Aprovecha al máximo estas características y herramientas para maximizar el potencial de tu canal en YouTube.

Capítulo 25

Como utilizar el poder del llamado a la acción (CTA) en YouTube

El llamado a la acción (CTA) es una herramienta fundamental en YouTube para dirigir y motivar a tu audiencia a realizar acciones específicas. En este capítulo, exploraremos la importancia de incluir CTA claros y específicos en tus vídeos, el uso de tarjetas y pantallas finales para dirigir a la audiencia a otros vídeos o enlaces externos, estrategias para incentivar a la audiencia a suscribirse, dar "Me gusta" y compartir tus vídeos, y la implementación de CTA para promover la interacción y participación de la audiencia.

Importancia de incluir CTA claros y específicos en tus vídeos:

Un CTA claro y específico es esencial para guiar a tu audiencia hacia una acción concreta. Al incluir un CTA, les estás indicando qué acción deseas que realicen, ya sea suscribirse a tu canal, dar "Me gusta", comentar o compartir el vídeo. Los CTA efectivos pueden aumentar la participación de la audiencia y fomentar una conexión más profunda con tu contenido.

<u>Uso de tarjetas y pantallas finales para dirigir a la audiencia a otros vídeos o enlaces externos:</u>

Las tarjetas y las pantallas finales son herramientas valiosas que YouTube proporciona para dirigir a la audiencia a otros vídeos relacionados o enlaces externos. Puedes utilizar tarjetas para enlazar a vídeos relevantes dentro de tu propio canal o para promocionar contenido adicional en otros canales o sitios web. Las pantallas finales, que aparecen al final de tus vídeos, te permiten presentar elementos interactivos, como enlaces a otros vídeos, suscripciones y llamados a la acción.

<u>Estrategias para incentivar a la audiencia a suscribirse, dar "Me gusta" y compartir tus vídeos:</u>

Existen diversas estrategias que puedes emplear para motivar a la audiencia a realizar acciones específicas en relación a tus vídeos. Por ejemplo, puedes ofrecer contenido exclusivo o beneficios a aquellos que se suscriban a tu canal. Puedes incentivar a dar "Me gusta" y compartir tus vídeos resaltando la importancia de esos gestos para ayudar a tu canal a crecer y alcanzar a más personas. También puedes crear llamados a la acción emocionales y persuasivos para fomentar la participación activa de la audiencia.

<u>Implementación de CTA para promover la interacción y participación de la audiencia:</u>

Además de los CTA tradicionales, existen otras formas de promover la interacción y participación de la audiencia en tus vídeos. Por ejemplo, puedes hacer preguntas a la audiencia y alentarlos a dejar sus respuestas en los comentarios. También puedes organizar concursos, sorteos o desafíos relacionados con tus vídeos para incentivar la participación activa. No olvides responder a los comentarios y mostrar gratitud hacia aquellos que interactúan con tu contenido, lo que fomentará un sentido de comunidad en tu canal.

<u>Conclusión:</u>

El llamado a la acción (CTA) desempeña un papel fundamental en el éxito de tu canal de YouTube. Al incluir CTA claros y específicos en tus vídeos, utilizar tarjetas y pantallas finales para dirigir a la audiencia a otros vídeos o enlaces externos, incentivar a la audiencia a suscribirse, dar "Me gusta" y compartir tus vídeos, y promover la interacción y participación activa de la audiencia, puedes cultivar una comunidad comprometida y fortalecer la conexión con tus seguidores. Aprovecha el poder del

CTA en YouTube para crear una experiencia interactiva y enriquecedora para tu audiencia.

Capítulo 26

Como generar ideas de contenidos creativas y originales

La generación de ideas de contenido creativas y originales es esencial para destacar en la plataforma de YouTube. En este capítulo, exploraremos diferentes técnicas para la generación de ideas, como el brainstorming y la lluvia de ideas. También discutiremos el uso de la investigación y la observación para encontrar temas interesantes y relevantes, y las fuentes de inspiración, como la actualidad, los problemas comunes y las preguntas de la audiencia. Por último, exploraremos métodos para mantener un flujo constante de ideas creativas para tus vídeos.

<u>Técnicas para la generación de ideas, como el brainstorming y la lluvia de ideas:</u>

El brainstorming y la lluvia de ideas son técnicas populares y efectivas para generar ideas de contenido. Reúne a un grupo de personas o siéntate a solas y anota todas las ideas que se te ocurran, sin juzgar su viabilidad en un principio. Fomenta la creatividad y la libre expresión de ideas. Luego, selecciona las ideas más prometedoras y trabaja en desarrollarlas en tus vídeos.

Uso de la investigación y la observación para encontrar temas interesantes y relevantes:

La investigación y la observación son herramientas valiosas para encontrar temas interesantes y relevantes para tus vídeos. Investiga las últimas tendencias, noticias y eventos relacionados con tu temática para mantener tu contenido actualizado. Observa lo que otros creadores de contenido exitosos están haciendo en tu nicho y busca oportunidades para agregar tu propio enfoque único.

Fuentes de inspiración, como la actualidad, los problemas comunes y las preguntas de la audiencia:

La actualidad es una fuente de inspiración constante. Mantente al tanto de los temas y acontccimicntos actuales y encuentra formas de relacionarlos con tu temática de contenido. Además, identifica los problemas comunes que enfrenta tu audiencia y crea contenido que brinde soluciones prácticas. Escucha atentamente las preguntas y comentarios de tu audiencia, ya que pueden proporcionar ideas valiosas para nuevos vídeos.

<u>Métodos para mantener un flujo constante de ideas creativas para tus vídeos:</u>

Es importante mantener un flujo constante de ideas creativas para tus vídeos. Algunos métodos efectivos incluyen mantener un diario de ideas donde puedas anotar conceptos y pensamientos en cualquier momento, utilizar aplicaciones o herramientas en línea para organizar tus ideas, establecer un horario regular para la generación de ideas y buscar inspiración fuera de tu área de contenido para alimentar tu creatividad.

<u>Conclusión:</u>

La generación de ideas de contenido creativas y originales es un proceso esencial para mantener la frescura y la relevancia de tu canal de YouTube. Al utilizar técnicas como el brainstorming y la lluvia de ideas, realizar investigaciones y observaciones, encontrar inspiración en la actualidad y los problemas comunes, y mantener un flujo constante de ideas creativas, podrás ofrecer contenido valioso y atractivo a tu audiencia. Recuerda que la creatividad es un músculo que se puede ejercitar, así que mantén una mente abierta y experimenta con diferentes enfoques. ¡No tengas miedo de explorar y sorprender a tu audiencia con ideas únicas y originales en tus vídeos de YouTube!

Capítulo 27

Cómo utilizar las redes sociales para promover tu canal de YouTube

Las redes sociales son una herramienta poderosa para promover y aumentar la visibilidad de tu canal de YouTube. En este capítulo, exploraremos estrategias para utilizar plataformas como Facebook, Instagram, Twitter y LinkedIn para promocionar tu contenido de YouTube. También discutiremos el uso de hashtags y etiquetas para aumentar la visibilidad de tus vídeos en las redes sociales, la creación de contenido exclusivo para atraer seguidores y dirigirlos a tu canal de YouTube, y la participación en comunidades y grupos relacionados con tu temática para construir una red de seguidores y colaboradores.

<u>Estrategias para utilizar plataformas como Facebook, Instagram, Twitter y LinkedIn para promocionar tu contenido de YouTube:</u>

Cada plataforma de redes sociales tiene sus características y audiencias únicas. Desarrolla una estrategia específica para cada plataforma, adaptando tu contenido y enfoque para maximizar su impacto. Utiliza publicaciones, historias y anuncios pagados para promocionar tus vídeos de YouTube y dirigir tráfico a tu canal. Interactúa con tu audiencia, responde a los comentarios y aprovecha las oportunidades de colaboración con otros creadores de contenido en estas plataformas.

<u>Uso de hashtags y etiquetas para aumentar la visibilidad de tus vídeos en las redes sociales:</u>

Los hashtags y etiquetas son herramientas poderosas para aumentar la visibilidad de tus vídeos en las redes sociales. Investiga y utiliza hashtags relevantes y populares en tus publicaciones para llegar a una audiencia más amplia. También puedes crear tus propias etiquetas para promocionar campañas específicas o temas recurrentes en tu contenido. Asegúrate de utilizarlos de manera estratégica y relevante para tu contenido.

<u>Creación de contenido exclusivo para las redes sociales para atraer seguidores y dirigirlos a tu canal de YouTube:</u>

Crear contenido exclusivo para las redes sociales es una excelente manera de atraer seguidores y dirigirlos a tu canal de YouTube. Publica avances de tus vídeos, clips destacados, detrás de escenas, imágenes o infografías relevantes para tu contenido. Asegúrate de incluir un llamado a la acción claro para que los seguidores visiten tu canal y vean el vídeo completo. Mantén un equilibrio entre el contenido exclusivo y las promociones para evitar saturar a tu audiencia.

Participación en comunidades y grupos relacionados con tu temática para construir una red de seguidores y colaboradores:

La participación en comunidades y grupos relacionados con tu temática es una excelente manera de construir una red de seguidores y colaboradores. Únete a grupos relevantes en Facebook o LinkedIn, participa en conversaciones y comparte contenido valioso. En Twitter e Instagram, utiliza hashtags relacionados con tu temática para conectarte con otros creadores y seguidores. Al colaborar y compartir conocimientos, podrás establecer relaciones sólidas y expandir tu alcance en las redes sociales.

Conclusión:

Las redes sociales son un recurso valioso para promocionar tu canal de YouTube y aumentar la visibilidad de tu contenido. Al utilizar estrategias específicas para cada plataforma, como Facebook, Instagram, Twitter y LinkedIn, y aprovechar las características únicas de cada una, podrás llegar a una audiencia más amplia y dirigirla a tu canal de YouTube. Utiliza hashtags y etiquetas de manera efectiva, crea contenido exclusivo para las redes sociales, y participa activamente en comunidades y grupos relacionados con tu temática para construir una red de seguidores y colaboradores. ¡Aprovecha el poder de las redes sociales para promover tu canal de YouTube y llevar tu contenido a nuevas alturas!

Capítulo 28

Como evaluar y optimizar la experiencia del espectador en tus videos

Evaluar y optimizar la experiencia del espectador en tus vídeos es esencial para mantener a tu audiencia comprometida y aumentar la calidad de tu contenido. En este capítulo, exploraremos cómo revisar la estructura y flujo de tus vídeos para mantener la atención de la audiencia, cómo utilizar técnicas de edición, música y efectos visuales para mejorar la calidad del vídeo, cómo analizar los comentarios y el feedback de la audiencia para ajustar y mejorar tus futuros vídeos, y cómo realizar pruebas y experimentos para identificar qué elementos funcionan mejor para tu audiencia.

<u>Revisión de la estructura y flujo de tus vídeos para mantener la atención de la audiencia:</u>

La estructura y el flujo de tus vídeos son cruciales para mantener la atención de la audiencia. Revisa la duración de tus vídeos y asegúrate de que se ajusten al contenido y a los intereses de tu audiencia. Organiza tu contenido de manera lógica y coherente, utilizando una introducción llamativa, un desarrollo bien estructurado y una conclusión satisfactoria.

Considera el uso de ganchos emocionales y momentos destacados para mantener a tu audiencia interesada y comprometida.

<u>Uso de técnicas de edición, música y efectos visuales para mejorar la calidad del vídeo:</u>

La edición, la música y los efectos visuales son elementos que pueden mejorar significativamente la calidad de tus vídeos. Utiliza técnicas de edición para eliminar pausas innecesarias, mejorar la fluidez y crear transiciones suaves. La música y los efectos visuales pueden agregar un toque emocional y enfatizar puntos clave en tu contenido. Asegúrate de que estos elementos complementen y realcen tu mensaje sin distraer a la audiencia.

<u>Análisis de los comentarios y el feedback de la audiencia para ajustar y mejorar tus futuros vídeos:</u>

Los comentarios y el feedback de la audiencia son una valiosa fuente de información para ajustar y mejorar tus futuros vídeos. Presta atención a los comentarios y dedica tiempo a responder a tus espectadores. Analiza el feedback recibido y considera las sugerencias y críticas constructivas para hacer ajustes en tu contenido y enfoque. Esto te ayudará a comprender mejor las necesidades y expectativas de tu audiencia y a crear vídeos más relevantes y satisfactorios.

<u>Pruebas y experimentos para identificar qué elementos funcionan mejor para tu audiencia:</u>

Las pruebas y experimentos son estrategias efectivas para identificar qué elementos funcionan mejor para tu audiencia. Realiza pruebas de diferentes formatos, estilos de presentación, duraciones de vídeos y enfoques de contenido. Analiza las métricas y el feedback obtenidos para evaluar el rendimiento de cada experimento. A partir de los resultados, ajusta y optimiza tu enfoque para crear contenido que satisfaga y atraiga a tu audiencia de manera efectiva.

<u>Conclusión:</u>

Evaluar y optimizar la experiencia del espectador en tus vídeos es un proceso continuo y esencial para mantener a tu audiencia comprometida y mejorar la calidad de tu contenido. Al revisar la estructura y el flujo de tus vídeos, utilizar técnicas de edición, música y efectos visuales, analizar los comentarios y el feedback de la audiencia, y realizar pruebas y experimentos, podrás crear vídeos más atractivos y relevantes para tu audiencia. Recuerda que la retroalimentación y la adaptación son clave para mantener el interés de la audiencia y continuar creciendo en YouTube. ¡Evalúa, optimiza y mejora constantemente tu contenido para brindar una experiencia excepcional a tus espectadores!

Capítulo 29

Como resolver problemas comunes en YouTube

Como creador de contenido de YouTube, es común encontrarse con problemas a lo largo del camino. Desde problemas de monetización hasta problemas técnicos, puede haber varios obstáculos que dificulten la creación y publicación de videos en la plataforma.

En este capítulo, te mostraremos cómo resolver algunos de los problemas más comunes en YouTube, como problemas de monetización, problemas de copyright y problemas técnicos. ¡Comencemos!

Problemas de monetización

La monetización es una de las formas más comunes de obtener ingresos en YouTube. Sin embargo, puede haber varios problemas que dificulten la monetización de tus videos. Algunos de los problemas de monetización más comunes incluyen:

No cumplir con los requisitos de monetización: para monetizar tus videos en YouTube, debes cumplir con los requisitos de monetización de la plataforma, que incluyen tener al menos 1,000 suscriptores y 4,000 horas de tiempo de reproducción en los últimos 12 meses. Si no cumples con estos requisitos, no podrás monetizar tus videos.

Problemas de contenido: YouTube tiene políticas específicas sobre el contenido que se puede monetizar. Si tu contenido incluye temas controvertidos o infringe las políticas de la plataforma, es posible que no puedas monetizar tus videos.

Problemas técnicos: si hay un problema técnico en tu cuenta o video, es posible que no puedas monetizar tus videos. Por ejemplo, si tienes problemas con tu cuenta de AdSense o si tu video tiene restricciones de contenido, no podrás obtener ingresos publicitarios de ese video.

Para resolver problemas de monetización en YouTube, asegúrate de cumplir con los requisitos de monetización de la plataforma. Además, asegúrate de cumplir con las políticas de contenido y publicidad de YouTube para garantizar que tus videos sean elegibles para monetización. Si tienes problemas técnicos, comunícate con el soporte de YouTube para obtener ayuda.

Problemas de copyright

Los problemas de copyright son comunes en YouTube y pueden surgir si utilizas contenido protegido por derechos de autor sin permiso o si alguien presenta una reclamación de derechos de autor contra tu video. Algunos de los problemas de copyright más comunes en YouTube incluyen:

Restricciones de contenido: si tu video incluye contenido protegido por derechos de autor, es posible que YouTube aplique una restricción de contenido a tu video. Esto significa que no podrás obtener ingresos publicitarios de ese video.

Reclamaciones de derechos de autor: si alguien presenta una reclamación de derechos de autor contra tu video, es posible que debas retirar el video o que se apliquen restricciones de contenido.

Para resolver problemas de copyright en YouTube, asegúrate de obtener el permiso adecuado para utilizar cualquier contenido protegido por derechos de autor. Además, utiliza bibliotecas de música y efectos de sonido libres de derechos de autor para evitar problemas de copyright. Si alguien presenta una reclamación de derechos de autor contra tu video, comunícate con el propietario de los derechos de autor o utiliza las herramientas de resolución de disputas de YouTube para resolver el problema.

Problemas técnicos

Los problemas técnicos pueden ser frustrantes y dificultar la creación y publicación de videos en YouTube. Algunos de los problemas técnicos más comunes en la plataforma incluyen:

Problemas de carga si tienes problemas para cargar tus videos en YouTube, puede deberse a una variedad de problemas técnicos, como una conexión a internet lenta o intermitente, problemas con el navegador o la aplicación de YouTube, o problemas con el archivo de video en sí. Para resolver problemas de carga, asegúrate de tener una conexión a internet estable y rápida, utiliza un navegador o aplicación actualizada y verifica que el archivo de video sea compatible con los requisitos de YouTube.

Problemas de visualización: si tus videos tienen problemas de visualización, como problemas de reproducción o problemas de calidad, puede deberse a problemas técnicos similares a los de carga. Verifica que el archivo de video sea compatible con los requisitos de YouTube, utiliza una conexión a internet estable y rápida, y asegúrate de que la resolución de tu video sea compatible con el dispositivo de los espectadores.

Problemas de audio: si tus videos tienen problemas de audio, como sonido distorsionado o falta de audio, puede deberse a problemas técnicos con el archivo de audio o problemas con el micrófono utilizado durante la grabación. Verifica que el archivo de audio sea compatible con los requisitos de YouTube, utiliza un micrófono de calidad y realiza pruebas de audio antes de grabar.

Para resolver problemas técnicos en YouTube, asegúrate de seguir las recomendaciones y requisitos de la plataforma. Si tienes problemas técnicos persistentes, comunícate con el soporte de YouTube para obtener ayuda.

En resumen, los problemas en YouTube son comunes, pero no tienen por qué ser el fin del mundo. Si bien pueden ser frustrantes, la mayoría de los problemas se pueden resolver siguiendo las recomendaciones y requisitos de la plataforma, comunicándose con el soporte de YouTube o utilizando herramientas de resolución de disputas. Con un poco de esfuerzo y perseverancia, puedes resolver los problemas comunes de monetización, copyright y técnicos en YouTube y seguir creando y publicando contenido increíble para tu audiencia.

Capítulo 30

La polifonía del Feedback

Inmerso en la vorágine digital de comentarios, likes y comparticiones, nuestro creador contempla la fascinante polifonía que su comunidad virtual compone con cada nuevo video. La audiencia se revela como una sinfonía de voces únicas, donde los elogios funcionan como acordes inspiradores que elevan la motivación y las críticas constructivas como notas desafiantes que estimulan la creatividad.

Explorando este capítulo, nuestro protagonista se sumerge más profundamente en el diálogo con su audiencia. Responde preguntas en directo, organiza encuestas para temas futuros y, sobre todo, aprende a escuchar con atención las historias compartidas por sus seguidores. La relación evoluciona hacia un intercambio constante, una simbiosis digital donde la audiencia influye en el contenido tanto como el creador impacta en sus vidas.

A medida que la polifonía del feedback se desarrolla, el creador comprende que su canal es más que un simple escaparate unidireccional; es un espacio interactivo donde las voces de la audiencia se mezclan armoniosamente con las suyas. La retroalimentación emerge como el motor que impulsa la evolución del contenido, convirtiendo cada video en una colaboración virtual entre el creador y su comunidad, una sinfonía de creatividad y conexión digital.

Capítulo 31

El equilibrio entre vida digital y realidad

El eco del éxito resuena en la vida de nuestro creador, tejiendo una red digital que conecta a través de pantallas, likes y comentarios. Sin embargo, en medio de este vértigo digital, una sombra de reflexión comienza a danzar en su mente: ¿cómo equilibrar la creciente demanda de su audiencia con su bienestar personal fuera de la pantalla?

A medida que la popularidad del canal crece, la vida digital y la realidad colisionan, creando un escenario donde el creador se ve inmerso en la dualidad de su existencia. Las expectativas y la constante necesidad de producir contenido de calidad para su audiencia compiten con la necesidad humana fundamental de desconectar, de sumergirse en la tranquilidad del mundo sin pixels y likes.

Este capítulo se adentra en la travesía de nuestro protagonista para encontrar el delicado equilibrio entre la vida digital y la realidad tangible que lo rodea. Explora los momentos de agotamiento digital, donde las pantallas amenazan con opacar el brillo de la experiencia humana. Nuestro creador se enfrenta a la realidad de que, aunque su vida en línea es vibrante y emocionante, también requiere desconexiones estratégicas para preservar su salud mental y emocional.

La narrativa destaca cómo establecer límites digitales se convierte en una forma de autopreservación, un acto de amor propio necesario para seguir creando contenido auténtico y significativo. El protagonista aprende a apreciar los momentos fuera de la pantalla, permitiéndose descansar y recargar energías. Descubre que estos momentos de desconexión no solo son cruciales para su bienestar personal, sino que también enriquecen su creatividad y perspectiva, inspirándolo para ofrecer a su audiencia una experiencia más genuina.

A través de este capítulo, nuestro creador comunica a su audiencia la importancia de este equilibrio, construyendo una relación más profunda basada en la honestidad y la comprensión mutua. La travesía del equilibrio entre la vida digital y la realidad se convierte en una lección valiosa, no solo para el creador, sino también para aquellos que siguen su historia en este vasto paisaje digital.

Capítulo 32

Superación de obstáculos y fracasos de YouTube

El mundo de YouTube puede ser un camino difícil pero nunca imposible, para muchos creadores de contenido. A lo largo del camino, es común enfrentar obstáculos y fracasos que pueden afectar la motivación y la confianza en sí mismos. En este capítulo, abordaremos algunos de los obstáculos más comunes que enfrentan los creadores de contenido de YouTube y cómo superarlos.

<u>Sección 1</u>: Falta de motivación La falta de motivación es uno de los obstáculos más comunes que enfrentan los creadores de contenido. A veces, la falta de motivación puede deberse a la falta de interacción o crecimiento en el canal. Aquí se presentan algunas formas de superar la falta de motivación:

Establecer objetivos y metas realistas y alcanzables.

Recordar por qué comenzaste a crear contenido en primer lugar y encontrar esa pasión nuevamente.

Buscar inspiración y motivación en otros creadores de contenido.

<u>Sección 2:</u> Comparación con otros creadores de contenido La comparación con otros creadores de contenido puede ser uno de los mayores obstáculos para los creadores de contenido de YouTube. La comparación puede hacer que los creadores de contenido se sientan inseguros acerca de su contenido y su habilidad para crecer en la plataforma. Aquí se presentan algunas formas de superar la comparación:

Recordar que cada creador de contenido es único y tiene algo especial que ofrecer.

En lugar de compararse con otros, centrarse en mejorar su propio contenido y su relación con su audiencia.

Recordar que el éxito en YouTube no es una competencia, sino un proceso individual.

<u>Sección 3:</u> Comentarios negativos Los comentarios negativos pueden ser muy desalentadores para los creadores de contenido de YouTube. Es difícil recibir críticas negativas sobre algo en lo que se ha trabajado duro. Aquí se presentan algunas formas de superar los comentarios negativos:

Recordar que los comentarios negativos son inevitables en cualquier plataforma y no deberían definir la calidad del contenido o la habilidad del creador de contenido.

Utilizar los comentarios negativos como una oportunidad para mejorar y aprender.

Mantener una actitud positiva y centrarse en los comentarios positivos y de apoyo.

Conclusión: En el mundo de YouTube, es común enfrentar obstáculos y fracasos. Sin embargo, con la actitud y estrategias adecuadas, estos obstáculos pueden superarse. Al enfocarse en la motivación personal, la mejora continua del contenido y el enfoque en lo positivo, los creadores de contenido pueden superar cualquier obstáculo que se presente en su camino hacia el éxito en YouTube.

Uso de YouTube para marca personal:

El uso de YouTube es una herramienta clave para construir una marca personal sólida. La autenticidad, imagen y personalidad son tres elementos esenciales que deben ser cuidadosamente cultivados en el canal de YouTube para lograr el éxito. Con la creciente importancia de la presencia en línea, YouTube ofrece una plataforma única para mostrar tu verdadera personalidad, construir una imagen coerente y aumentar tu visibilidad en línea."

Uso de YouTube para marketing de contenidos:

El storytelling es una técnica de marketing de contenidos clave que permite a las marcas conectar con su audiencia a nivel emocional. Al crear historias atractivas y significativas que se relacionen con los valores y deseos de tu público objetivo, puedes construir una relación duradera con ellos. En YouTube, puedes usar una combinación de imágenes, audio y texto para contar historias que generen un impacto emocional y sean memorables.

La persuasión también es un aspecto importante del marketing de contenidos en YouTube.

Al utilizar técnicas de persuasión sutil, como la emoción, la autoridad y la reciprocidad, puedes persuadir a tu audiencia para que tome acción, ya sea comprando un producto o compartiendo tu contenido con sus seguidores.

La captación de la atención es fundamental para el éxito en cualquier plataforma de marketing, y en YouTube, esto es especialmente cierto. Con la cantidad de contenido disponible en línea, es importante crear videos llamativos que atraigan la atención de tu audiencia y los mantengan involucrados. Al combinar una estética atractiva, un contenido interesante y una narrativa sólida, puedes crear videos de YouTube que generen interacción y engagement con tu audiencia.

En resumen, el uso de YouTube para el marketing de contenidos es una oportunidad única para conectar con tu audiencia y llegar a un público global. Al combinar técnicas efectivas de storytelling, persuasión y captación de la atención, puedes crear videos de YouTube que generen resultados reales para tu marca."

<u>Uso de YouTube para el marketing de cine y televisión:</u>

"YouTube: el poderoso aliado en el marketing de cine y televisión. Descubre cómo la plataforma líder en vídeo en línea puede impulsar la promoción, difusión y atención de tus producciones cinematográficas y televisivas. Aprende a utilizar YouTube para llegar a tu audiencia objetivo y construir una presencia en línea sólida y efectiva para tus proyectos. ¡Transforma tu estrategia de marketing con el poder de YouTube!"

"En un mundo cada vez más digital, el marketing de cine y televisión ha evolucionado para incluir plataformas en línea como YouTube. Con más de 2 mil millones de usuarios activos mensuales, YouTube es un canal efectivo para promocionar, difundir y generar atención para tus producciones. En este libro, exploraremos cómo utilizar YouTube para alcanzar tus objetivos de marketing, desde la creación de anuncios patrocinados hasta la colaboración con influencers y la generación de contenido original.

Aprenderás a crear una presencia en línea sólida para tus proyectos, a utilizar herramientas analíticas para medir el éxito de tus campañas y a maximizar la visibilidad de tus vídeos en la plataforma. Además, exploraremos cómo utilizar YouTube como una herramienta de investigación de mercado para conocer mejor a tu audiencia y ajustar tus estrategias en consecuencia.

Este libro es un recurso valioso para productores, ejecutivos de marketing, profesionales de la industria cinematográfica y televisiva y cualquiera que busque mejorar su presencia en línea y aprovechar al máximo el potencial de YouTube. ¡Aprovecha esta oportunidad para transformar tu estrategia de marketing y dar a conocer tus proyectos a una audiencia global!"

"Además de aprender las herramientas y técnicas para utilizar YouTube efectivamente en el marketing de cine y televisión, este libro también aborda estrategias específicas para aprovechar al máximo la plataforma. Aquí hay algunas de las estrategias que profundizaremos en el libro:

Creación de contenido de calidad: Aprenderás a crear contenido atractivo, relevante y de alta calidad para tu audiencia en YouTube.

Colaboración con influencers: Exploraremos cómo colaborar con influencers relevantes en YouTube para llegar a un público más amplio y aumentar la visibilidad de tus producciones.

Uso de anuncios patrocinados: Aprenderás a crear anuncios patrocinados efectivos y a ajustarlos en función de los resultados para asegurarte de obtener el mejor rendimiento.

Optimización de videos: Aprenderás a optimizar tus vídeos para que sean fácilmente descubiertos por tu audiencia objetivo y se ajusten a los requisitos de la plataforma.

Investigación de mercado: Utilizaremos herramientas analíticas para investigar a tu audiencia y ajustar tus estrategias de marketing en consecuencia.

Estas son solo algunas de las estrategias que profundizaremos en el libro. Con su ayuda, podrás aprovechar al máximo el potencial de YouTube en el marketing de cine y televisión y construir una presencia en línea sólida y efectiva para tus proyectos."

Uso de YouTube para el marketing de libro y revistas:

YouTube es una plataforma muy efectiva para el marketing de libros y revistas. Aquí hay algunas formas en que se puede utilizar:

Promoción: Se pueden publicar videos promocionales para anunciar nuevos lanzamientos o eventos relacionados con los libros o revistas.

Difusión: Se pueden publicar videos en los que se hable de los libros o revistas y se discutan temas relacionados con ellos para atraer a un público interesado.

Atención: Se pueden realizar entrevistas con autores, editores o expertos en el tema para atraer a un público interesado y generar discusión e interacción.

Además, al utilizar YouTube, se puede llegar a un público global y se puede hacer un seguimiento de las estadísticas y los comentarios para medir el éxito de las estrategias de marketing.

En resumen, YouTube es una herramienta valiosa para el marketing de libros y revistas, y se puede utilizar para promocionar, difundir y atraer atención a los productos.

Además de las formas mencionadas anteriormente, aquí hay algunas otras formas en que se puede utilizar YouTube para el marketing de libros y revistas:

<u>Crear contenido detrás de cámaras:</u> Se pueden publicar videos que muestren el proceso de creación de los libros o revistas, incluyendo entrevistas con el equipo editorial, los escritores y los ilustradores.

<u>Hacer reseñas y recomendaciones:</u> Se pueden publicar videos en los que se hagan reseñas y recomendaciones de libros y revistas para ayudar a los espectadores a encontrar nuevos títulos interesantes.

<u>Ofrecer contenido exclusivo:</u> Se pueden publicar videos que ofrezcan contenido exclusivo, como un adelanto de un nuevo libro o una entrevista con un autor popular.

<u>Participar en la comunidad:</u> Se pueden responder a los comentarios y hacer preguntas a los espectadores para involucrarlos y fomentar la interacción.

Además, al utilizar las herramientas de optimización de búsqueda de YouTube, se puede mejorar el posicionamiento de los videos y aumentar su visibilidad para los espectadores interesados.

En conclusión, YouTube es una plataforma valiosa para el marketing de libros y revistas, que ofrece una amplia variedad de opciones para promocionar y difundir productos, así como para interactuar con el público. Es importante utilizar estrategias creativas y efectivas para maximizar el impacto y el alcance de las campañas de marketing en YouTube.

Uso de YouTube para marketing musical:

La promoción de la música en YouTube incluye la publicación de videoclips, sesiones en vivo, entrevistas y otros tipos de contenido relacionado con la música.

Al compartir este contenido en línea, los artistas pueden llegar a un público global y construir una base de seguidores leales.

La difusión de la música en YouTube es otro aspecto importante del marketing musical. Al compartir tus canciones y videoclips en la plataforma, puedes aumentar la visibilidad de tu música y llegar a nuevos seguidores. Además, al colaborar con otros artistas y sellos discográficos, puedes ampliar tu alcance y aumentar tu visibilidad en línea.

La atención es fundamental para el éxito en cualquier plataforma de marketing, y en YouTube, esto es especialmente cierto. Con la cantidad de contenido disponible en línea, es importante crear videos llamativos y atractivos que atraigan la atención de tu audiencia y los mantengan involucrados. Al combinar una estética atractiva, una música de calidad y una narrativa sólida, puedes crear videos de YouTube que generen interacción y engagement con tu audiencia.

En resumen, el uso de YouTube para el marketing musical es una oportunidad única para promocionar, difundir y atraer la atención de un público global.

Con su capacidad para llegar a una audiencia amplia y conectar con ellos de manera efectiva, YouTube es una herramienta esencial para cualquier artista o sello discográfico que busque tener éxito en el mundo de la música."

Uso de YouTube para marketing de productos:

El uso de YouTube para el marketing de productos es una herramienta clave para promover, demostrar y vender productos en línea. Con más de 2 mil millones de usuarios activos mensuales, YouTube es una de las plataformas de medios sociales más grandes y más influyentes en el mundo. A través de su uso, las empresas pueden llegar a un público global, aumentar la visibilidad de sus productos y mejorar su presencia en línea.

La promoción de productos a través de YouTube se puede realizar de varias maneras. Las empresas pueden publicar anuncios de video patrocinados que aparecen en la plataforma antes, durante o después de otros videos. También pueden utilizar YouTube Influencer Marketing, colaborando con influencers en YouTube para que promuevan sus productos a sus seguidores.

Demostrar el producto en YouTube es una forma efectiva de mostrar a los consumidores cómo funciona el producto y cómo se puede utilizar en la vida diaria. Las empresas pueden publicar videos de demostración en su canal de YouTube, o colaborar con influencers para que demuestren el producto en sus videos. Estos videos pueden incluir tutoriales, demostraciones en vivo y opiniones sinceras sobre el producto.

Finalmente, las empresas también pueden vender productos a través de YouTube. Esto se puede hacer mediante el uso de enlaces de compra en descripciones de video o anotaciones, o mediante la integración de la plataforma de comercio electrónico de la empresa con su canal de YouTube.

En resumen, el uso de YouTube para el marketing de productos es una herramienta valiosa para las empresas que buscan aumentar la visibilidad de sus productos, demostrar cómo funcionan y vender directamente a los consumidores.

Con una audiencia global y una amplia gama de opciones de promoción y venta, YouTube es una plataforma clave para cualquier empresa que busque mejorar su presencia en línea.

Además de las opciones de promoción, demostración y venta mencionadas anteriormente, hay muchas otras formas en las que las empresas pueden utilizar YouTube para su marketing de productos. Aquí hay algunos ejemplos adicionales:

<u>Contenido de marca:</u> marca. las empresas pueden crear contenido de marca en YouTube, como historias detrás de escena, entrevistas con el equipo y eventos en vivo. Esto ayuda a establecer una conexión emocional con los consumidores y a fortalecer la

<u>Comunidad en línea:</u> las empresas pueden utilizar YouTube para crear y mantener una comunidad en línea de sus clientes y seguidores. Esto incluye publicar videos de respuesta a preguntas frecuentes, comentar en los comentarios de los videos y responder a los mensajes directos.

111

Análisis de datos: YouTube ofrece una amplia gama sobre la audiencia, el rendimiento de los videos y la de herramientas de análisis, incluyendo información interacción con los usuarios.

Video en serie: las empresas pueden crear una serie de videos en YouTube para mantener a los espectadores interesados y comprometidos.

Esto puede incluir tutoriales, demostraciones en vivo, entrevistas con expertos y mucho más.

En general, YouTube ofrece una amplia gama de opciones para las empresas que buscan utilizar la plataforma para su marketing de productos. Desde la promoción hasta la demostración y la venta, YouTube es una herramienta valiosa para cualquier empresa que busque llegar a un público global y mejorar su presencia en línea.

En conclusión, el uso de YouTube para el marketing de productos es una herramienta clave para las empresas que buscan promocionar, demostrar y vender sus productos en línea. Con una audiencia global y una amplia gama de opciones de promoción, demostración y venta, YouTube es una plataforma clave para cualquier empresa que busque mejorar su presencia en línea y aumentar su visibilidad en el mercado.

Además de las opciones mencionadas anteriormente, hay varias estrategias que las empresas pueden utilizar para maximizar el impacto de su marketing de productos en YouTube. Aquí hay algunos ejemplos:

<u>Colaboración con influencers</u>: Las empresas pueden colaborar con influencers en YouTube para promocionar sus productos a su audiencia. Esto puede incluir patrocinios de videos, asociaciones de contenido y mucho más.

<u>Uso de llamados a la acción</u>: las empresas pueden utilizar llamados a la acción en sus videos de YouTube para dirigir a los espectadores a una página de ventas o a una página de destino específica.

<u>Campañas de publicidad en video</u>: Las empresas pueden utilizar anuncios en video en YouTube para llegar a su público objetivo y mejorar la visibilidad de sus productos. Esto puede incluir anuncios de exhibición, anuncios de descubrimiento y anuncios de inmersión.

Contenido de calidad: Las empresas deben enfocarse en la creación de contenido de calidad en YouTube, incluyendo videos bien producidos, contenido único y relevante y una estrategia sólida de contenido.

Participación en la comunidad: las empresas deben participar activamente en la comunidad de YouTube, incluyendo la respuesta a los comentarios, la interacción con los seguidores y la creación de contenido en respuesta a las necesidades y deseos de la audiencia.

Estas son solo algunas de las estrategias que las empresas pueden utilizar para mejorar su marketing de productos en YouTube. Cualquier empresa que busque mejorar su presencia en línea y aumentar su visibilidad en el mercado debe considerar seriamente el uso de YouTube para su marketing de productos.

En resumen, el uso de YouTube para el marketing de productos es una estrategia clave para cualquier empresa que busque mejorar su presencia en línea y llegar a un público global. Con una amplia gama de opciones y estrategias, las empresas pueden utilizar YouTube para promocionar, demostrar y vender sus productos de manera efectiva, mejorando su visibilidad en el mercado y aumentando sus ventas.

<u>Promoción de lanzamientos:</u>

Antes de que un juego sea lanzado, es importante crear anticipación y aumentar la conciencia. Los avisos de lanzamiento en YouTube pueden ser una forma efectiva de hacerlo, ya que los jugadores y los seguidores pueden ver un adelanto de lo que pueden esperar del juego. Además, los anuncios de lanzamiento en YouTube pueden ser segmentados y dirigidos a un público específico, lo que aumenta la eficacia de la campaña publicitaria.

<u>Demostración de juegos en acción</u>

YouTube es una plataforma perfecta para mostrar a los jugadores cómo funciona un juego en acción. Ya sea a través de videos de demostración o de transmisiones en vivo, los desarrolladores y los editores pueden mostrar a los jugadores cómo se juega el juego y cuáles son sus características clave. Además, los jugadores pueden hacer preguntas y participar en la demostración en tiempo real, lo que aumenta la interacción y el compromiso.

<u>Atención a los seguidores</u>

Una vez que un juego ha sido lanzado, es importante mantener la atención y el interés de los jugadores y seguidores. YouTube es una herramienta valiosa para hacerlo, ya que los desarrolladores y los editores pueden compartir actualizaciones, detrás de cámaras y contenido exclusivo con su audiencia. Además, YouTube puede ser una plataforma para que los jugadores compartan sus experiencias y opiniones sobre el juego, lo que aumenta la interacción y el compromiso con la comunidad.

En resumen, YouTube es una herramienta valiosa para cualquier estrategia de marketing de juegos, desde la promoción de lanzamientos hasta la demostración de juegos en acción y la atención a los seguidores. Con su gran audiencia y capacidad de segmentación, YouTube puede ser una plataforma clave para llegar a los jugadores y construir una comunidad comprometida y engagada

Estrategias de marketing para juegos en YouTube

<u>Videos de avance y trailers</u>: Crea videos cortos y atractivos que muestren el aspecto y la jugabilidad del juego. Comparte estos videos en YouTube y otras plataformas sociales para crear anticipación y aumentar la conciencia del juego.

<u>Demostraciones en vivo</u>: Realiza transmisiones en vivo de juegos en acción para mostrar a los jugadores cómo funciona el juego. Haz preguntas y responde a

las preguntas de los jugadores para aumentar la interacción y el compromiso.

<u>Colaboraciones con youtubers</u>: Trabaja con youtubers popular y con una gran audiencia para promocionar tu juego. Permíteles jugar y revisar el juego y compartir su experiencia con su audiencia.

<u>Concursos y sorteos:</u> Organiza concursos y sorteos en YouTube y otras plataformas sociales para premiar a los jugadores y aumentar la participación.

<u>Contenido detrás de cámaras:</u> Comparte contenido exclusivo detrás de cámaras para mostrar a los jugadores cómo se creó el juego y el proceso de desarrollo.

<u>Actualizaciones y noticias:</u> Mantén a los jugadores informados sobre las actualizaciones y las novedades del juego mediante videos y publicaciones en YouTube y otras plataformas sociales.

<u>Análisis de juegos y comentarios</u>: incentivar y animar a los jugadores y a los seguidores a compartir sus opiniones y comentarios sobre el juego en YouTube y otras plataformas sociales.

Recuerda que es importante tener en cuenta los intereses y preferencias de tu audiencia al elegir qué estrategias utilizar en tu campaña de marketing de juegos.

<u>Optimización de videos para seo en YouTube:</u>

Aquí hay algunos consejos para optimizar sus videos en YouTube para SEO:

Elegir un título atractivo y descriptivo: El título es uno de los factores más importantes para el SEO en YouTube, por lo que debe ser atractivo y descriptivo. También es importante incluir las palabras clave relevantes en el título para aumentar la visibilidad de su video.

Descripción detallada y completa: La descripción de su video es otro factor importante para el SEO en YouTube. Proporcione una descripción detallada y completa de su video y asegúrese de incluir las palabras clave relevantes.

Etiquetas: Las etiquetas son palabras o frases clave que describen el contenido de su video. Asegúrese de incluir etiquetas relevantes y populares para aumentar la visibilidad de su video en los resultados de búsqueda.

Thumbnails atractivos: Un thumbnail atractivo es esencial para atraer la atención de su audiencia y aumentar la tasa de clics. Asegúrese de elegir un thumbnail que sea representativo del contenido de su video.

Interacción y engagement: La interacción y el engagement son cruciales para el SEO en YouTube. Asegúrese de responder a los comentarios de sus espectadores y animarles a interactuar con su contenido.

Siguiendo estos consejos, puede optimizar sus videos en YouTube para SEO y asegurarse de que su contenido sea visible y atractivo para su audiencia objetivo. Con el tiempo, esto puede ayudar a aumentar la visibilidad y el alcance de su canal, y a atraer más espectadores y suscriptores.

<u>Conclusiones y futuro YouTube como plataforma de contenido</u>
YouTube es una de las plataformas de contenido más grandes y poderosas del mundo. Desde su creación en 2005, ha evolucionado para convertirse en una plataforma integral de video y una forma principal de consumir y crear contenido.
La plataforma ha tenido un impacto significativo en la forma en que las personas consumen y crean contenido. Ha permitido a creadores de contenido independientes y a marcas alcanzar una audiencia global y construir comunidades en línea sólidas. También ha cambiado la forma en que las personas buscan y descubren información, ofreciendo una experiencia de búsqueda y descubrimiento más visual

y dinámica que la búsqueda en motores de búsqueda tradicionales.

El futuro de YouTube se ve brillante, con la plataforma buscando continuamente nuevas formas de mejorar la experiencia del usuario y ofrecer más opciones a los creadores de contenido. Se espera que la plataforma continúe evolucionando para abarcar una variedad de formatos de contenido, como la realidad virtual y aumentada, y para ofrecer una experiencia más integrada y personalizada.

Sin embargo, también es importante reconocer los desafíos que enfrenta YouTube en el futuro. La moderación de contenido y la lucha contra la propagación de información errónea y discursos de odio son problemas graves que la plataforma debe abordar

Además, la competencia de otras plataformas de contenido y la necesidad de proteger la privacidad y seguridad de los usuarios son desafíos importantes que YouTube debe abordar.

En general, YouTube es una plataforma de contenido en constante evolución y una fuerza importante en la forma en que las personas consumen y crean contenido. Con un enfoque en mejorar la experiencia del usuario y abordar los desafíos que enfrenta, el futuro de YouTube como plataforma de contenido se ve prometedor.

"El camino hacia el éxito está lleno de pequeños pasos valientes."